你一定也是某个人翘首以盼的惊喜

谭檬 著

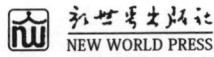

图书在版编目（CIP）数据

你一定也是某个人翘首以盼的惊喜 / 谭檬著 . -- 北京 : 新世界出版社 , 2024.8
　　ISBN 978-7-5104-7917-5

Ⅰ . ①你… Ⅱ . ①谭… Ⅲ . ①成功心理—通俗读物
Ⅳ . ① B848.4-49

中国国家版本馆 CIP 数据核字（2024）第 066525 号

你一定也是某个人翘首以盼的惊喜

| 作　　者：谭　檬
| 策划编辑：董晶晶
| 责任编辑：周　帆
| 责任校对：宣　慧　张杰楠
| 责任印制：王宝根
| 出　　版：新世界出版社
| 网　　址：http://www.nwp.com.cn
| 社　　址：北京西城区百万庄大街 24 号（100037）
| 发 行 部：(010) 6899 5968（电话）　(010) 6899 0635（电话）
| 总 编 室：(010) 6899 5424（电话）　(010) 6832 6679（传真）
| 版 权 部：+8610 6899 6306（电话）　 nwpcd@sina.com（电邮）
| 印　　刷：天津中印联印务有限公司
| 经　　销：新华书店
| 开　　本：880mm×1230mm　1/32　尺寸：145mm×210mm
| 字　　数：190 千字　　　　　　　 印张：8.5
| 版　　次：2024 年 8 月第 1 版　2024 年 8 月第 1 次印刷
| 书　　号：ISBN 978-7-5104-7917-5
| 定　　价：49.00 元

版权所有，侵权必究
凡购本社图书，如有缺页、倒页、脱页等印装错误，可随时退换。
客服电话：(010) 6899 8638

爱是一种感觉,
对一个人怦然心动,
爱更是一份责任,
一起吃很多顿饭,走很多的路,
迈过数不清的风和雨。

没关系,
即使普通,有着不少的缺点,
在某个人的眼里,
你同样是独一无二、无可替代的。

序言

　　爱情,是生命中非常重要的一个组成部分。

　　少年时,我们会渴望拥有一段轰轰烈烈的恋爱,即使到了一定的年纪,我们往往也还是会希望能够遇见一份不错的爱情。爱一个人,同时也被一个人所爱。

　　说起来,爱不过是一种本能,但是在现实生活中,我们却常常不知道该如何去面对喜欢的人,也不知道该如何去处理一段感情。

　　一路走来,我接触了不少的人。有的人根本就不敢去爱,觉得自己不配;有的人喜欢隐藏自己的感情,生怕被别人看穿;有的人总是希望别人用自己想要的方式来爱自己,稍有不如意就会很不满;有的人不断用尽全力去爱,却又不断被伤害;有的人时隔多年,还始终对一个人心心念念；有的人失恋了，始终都走不出来；有的人爱上了不该爱的人，不知道该怎么办；有的人在一段感情中很辛苦，时常游走在崩溃的边缘。

越是长大，越会发现爱情并不是那么容易，会遇到很多的难题，也总是会有着很多困惑。

不清楚到底该全力以赴去爱还是有所保留，很疑惑到底该什么时候结婚，不明白什么时候发生亲密关系比较好，不懂得该如何选择自己的伴侣，不怎么会和自己喜欢的人相处，不是那么擅长处理感情危机，更是不知晓该如何去经营婚姻。

种种迷惘，让很多人受伤，也让很多人开始怀疑爱情，觉得爱情不过如此，并不值得相信。可其实，爱情并没有什么错，不是恋爱不好，也并不是婚姻不好，也许只是自己没有选对人，和对方在一起的时候用错了方式。

爱，也是需要学习的，学习会让自己变得不一样，爱情往往也会不同。

对此，究竟该如何去爱，我一直都在思索，也在分析，发表着自己的观点，不知不觉就积累了将近五百万字，在这个过程中，有读者表示很认同，有读者表示很治愈，有读者表示很受益，有读者表示很接地气，有读者表示很有哲理，有读者表示通俗易懂，有读者表示读过后豁然开朗。

很感恩我的读者们，是你们支撑我一直坚持了下来，然后等到了这次的出版机会。

这本书，对于感情中普遍存在的一些困惑，以及针对恋爱和婚姻的每一个阶段可能会面临的问题，我都一一做了阐述。

在第一章，我想告诉每一个人，不管你是什么样子，都一样值得被

爱，也会告诉大家怎样的人才算是合适的人，以及两人之间相差几岁最合适，喜欢和合适如何取舍，该早婚还是晚婚，外在和内在哪个更重要，还有可不可以不结婚。

在第二章中，我会给单身的人提一些建议。详细说明要不要先谋生再谋爱，如何看待相亲和网恋，是等待爱情还是将就婚姻，要不要直接找个人结婚，应该如何应对暧昧，又该怎样把一个人的日子经营好。

在第三章中，我鼓励所有人在遇到爱情的时候都能够勇敢一点，勇敢去追求想要的感情，勇敢表达自己的心意，让爱情从告白开始，释怀过去，好好对待当下。

在第四章中，讲述在和一个人恋爱后，该如何去和这个人好好相爱。不必用什么套路，只管真诚些；不必着急，只管慢一点；不必总是想那么多，只管用心去爱。好好恋爱，一起做些什么，更要好好去全面了解对方。当感情从新鲜来到平淡，也要懂得珍惜，别太折腾，在亲密接触这块就只管遵从自己的内心。

以结婚为目的谈恋爱，我们会发现爱情跟想象中并不一样，也会有着不少的疑惑，在第五章中，我会带你了解一些关于爱情和婚姻的真相，让你明白爱情在于选择，爱是一份责任，爱都会有痛苦，眼前人永远最珍贵。

相爱容易，相处太难。在一段恋情、一段婚姻中，究竟该如何和一个人相处，则是第六章的内容，像要懂得让过去成为过去，要始终好好说话，要接纳对方的本来模样，要和对方好好磨合，要明白在一个家庭中夫妻的关系该放在第一位。

用心爱了，谁都希望可以有一个好的结局，但是走着走着，却可能会分手，这就是第七章的主题。如果只能失去，要理性看待，在那之后，也务必要把自己的日子打理好，早点走出来，重新开始，好好生活。

过去从来都没有那么重要,
要紧的是当下,是这一刻,
是此时此刻陪在我们身边的人。

这一生，
究竟要成为一个怎样的人，
和谁住在同一个屋檐下，
过着一种什么样的日子，
我们永远都是可以选择的。

另外，感情这条路，从来都没有那么容易，总是会有很多的波折，比如家人催促，父母不同意婚事，面临异地的考验，结婚了却对别人心动，另一半有了别人，总是想要离婚，对于这些问题，第八章会细细道来。

更加真实的故事，更加治愈的言语，在这些文章里，相信每个人都可以看到自己的影子，也都会有所感悟。

每个人的经历都不相同，但是总有那么一些情感始终相通。

大千世界，我可能并不认识你，但是当你读完本书后，哪怕只有一点获益，我也会很开心，那也是对我的一种肯定。

不过，我更希望每一位读者都会有很多的收获，会对爱情有了更深刻的认识，会比从前更加懂得如何处理一些事情，让自己在爱里沉沦，也在爱里重生，成为一个更好的自己，也收获一段更加符合自己心意的亲密关系。

无论如何，不论过去经历了一些什么，也愿你始终都相信爱，都勇敢去爱。

好好选择自己的人生伴侣，在选择了过后，就爱自己所选择的，好好珍惜眼前人，和对方好好经营，把以后的日子过好。

爱情不是注定，而是选择，生活也是，你永远都是可以选择的。

而我，祝你选择更好的那一种，愿你拥有很棒的爱情，愿你爱得其所，愿你幸福。

目录

Chapter 01 每个人，都值得被爱

每个人，都值得被爱 / 03

到底什么样的人才算合适的人 / 08

男女之间，究竟相差多少岁更好 / 12

喜欢和合适最好同时发生 / 16

早婚还是晚婚 / 20

爱情里，外在和内在都很重要 / 24

这一生可不可以不结婚 / 28

Chapter 02 当没有人爱时，先做好自己

不必先谋生再谋爱 / 33

相亲也能遇见爱情 / 37

网恋可以，但要慎重 / 41

等待爱情还是将就婚姻 / 45

别总想着找个人不谈恋爱直接结婚 / 50

若有似无的喜欢，少揣测 / 55

当爱情还没到来时，先做好自己 / 59

Chapter 03　面对爱情，一定要主动

去爱吧，不要害怕 / 65

不要隐藏自己的感情 / 70

面对爱情，一定要主动 / 74

当你喜欢的人不喜欢你 / 78

如果你喜欢的人不是单身，那就算了 / 82

告白很有必要 / 86

过去的感情史并没那么重要 / 90

Chapter 04　别着急，只管慢一点相爱

最好的喜欢方式叫真诚 / 95

别着急，只管慢一点相爱 / 100

当然要全力以赴去爱 / 105

谈恋爱不能只是吃喝玩乐 / 109

恋爱不能只是贪图新鲜感 / 113

不要总是去试探和考验对方 / 117

如何看待性 / 121

Chapter 05　爱是感觉，更是责任

爱情不是注定，而是选择 / 125

选择和谁结婚，会很不同 / 129

爱是感觉，更是责任 / 133

感情都会有痛苦 / 138

不必总是羡慕别人的爱情 / 142

该好好珍惜的，是眼前人 / 146

我们都要学会一个人生活 / 151

Chapter 06　接纳对方最原本的样子

何必总是翻旧账 / 157

别总是把分开挂在嘴边 / 160

接纳对方最原本的样子 / 165

如何让改变发生 / 169

比较好的沟通方式 / 173

要看见对方的付出 / 177

怎么处理好婆媳关系和亲子关系 / 181

Chapter 07　失恋后，别做傻事

分手，那很正常 / 187

失恋后，别做傻事 / 191

爱过谁，都不必后悔 / 195

别花力气去恨一个人 / 199

成为一名合格的前任 / 203

始终放不下一个人怎么办 / 207

分手后想要复合 / 213

不论失去了谁，你都还有自己 / 217

Chapter 08　别因为受过伤，就不再相信爱情

如何面对身边人的催婚 / 223

如果你的爸妈不同意你的婚事 / 227

异地恋如何才能走到一起 / 232

婚后可能心动，但不要冲动 / 236

理性看待离婚 / 241

别因为受过伤，就不再相信爱情 / 245

致谢 / 249

会遇到那么一个人的,
或早,或晚。

爱一个人,
要相信自己的直觉,
同时也一定要理性思考。
只有感性,很容易走偏;
只有理性,则很难持续。
感性加上理性,才会是一段不错的感情。

Chapter 01

每个人，都值得被爱

每个人，都值得被爱

❀

我现在一无所有，是不是根本就不配谈恋爱？

感觉自己有很多的不足，并没有谁会真的喜欢这样的自己。

我的身体有着一些问题，只怕没有人会愿意接受。

一些人面对爱情，总是特别悲观，很不自信。

因为觉得自己不够好，拥有的不够多，于是从来都不敢去爱谁，也不敢去接受谁，很多时候都把自己封闭起来，独来独往。

这样的你，不想被辜负，不想耽误谁，你以为自己很明智，可事实上这真的并没有什么必要。

曾遇到过一位读者，虽然他比较喜欢一位姑娘，两个人相处得也挺好的，但是他总是觉得自己事业平平，还患有乙肝，大概姑娘并不会喜欢自己。哪怕后来他的事业有了不错的进步，姑娘依然待他很好，他也还是一点都不自信。

那时他一边跟我诉说着他的担忧，一边又说自己很喜欢对方，很想要有一个好的结果。他十分纠结，而根据他的描述，那个姑娘对他似乎也是有意思的，于是我就劝他试一试，结果他向那个姑娘表明心意，说明自己的情况后，两个人还真的就成了。

姑娘说并没有谁真的多么完美，自己就是比较喜欢他的善良和踏实，认为那是很可贵的品质。

一直以来，他始终盯着自己的不足，殊不知，对方却早已经看上了他的好。

岁月中，总是希望自己可以变得更好一些，比如身材更瘦一点，事业更拿得出手一点，性格再讨人喜欢一点。这是没有错的，只不过，即使当下的我们看起来并不是那么优秀，有着不少的缺点，甚至还有一些无法弥补的缺陷，我们也不必把自己看得太低，总是自我怀疑。

在这个世界上，并没有谁是完美无缺的，每个人都一样，有着一些很吸引人的地方，与此同时，也有着一些并不是那么讨人喜欢的地方。

很有主见的人，性格可能就会比较强势；事业很不错的人，只怕是经常都会比较忙碌；左右逢源的人，可能总是很难让人感受到真诚。

从来都没有百分百让人满意的生活，也从来都没有百分百完美的人。

没有必要总是盯着自己的不足，一些并不是那么满意的地方，你可以尝试做出一些改变，让自己渐渐成为想要的模样，但是首先你一定要接纳自己本来的样子。

你就是你，没有遇见爱情的时候要自信一点，当有人爱你时，也尽管更自信一些，不要有那么多顾虑。

❀

身边一位姑娘，她的家境还不错，工作能力也很强，作为一名老师，总是备受追捧。唯一不足的是，她长相普通。

很多人对她的评价都很好，但是当她恋爱时，她却总是觉得自己配不上对方。

一度觉得对方一旦遇见了长得更好看的人，就会选择离开她，为此，她还动了想要去整容的心思，好在她的男朋友及时发现，说自己爱的是她这个人，喜欢的是她的整体，感觉她每次讲课的时候整个人都在闪闪发光，如果她去动自己的脸，他就要生气了，让她放弃了这样的念头。

爱情其实就是这样，当你喜欢一个人的时候，虽然你明知道这个人并没有那么完美，可能有很多人比这个人更好，但是喜欢了，你只喜欢这个人。

你喜欢一个人，会愿意接纳对方的不足；喜欢你的人，对方也不会因为你不是那么完美就放弃，并不会因为看到了你的缺点就选择离开。

真心喜欢了，那个人会爱着你的全部，接纳你的缺点，也容忍你的不足，始终站在你的身边，和你一起好好守护着彼此的内心，一起成为更好的人。

别怀疑，世界有时候就是那么好，虽然你并不是那么十全十美，但还是会有那么一个人，这个人就是愿意用心去爱你，和你好好在一起。

不是贪图一些什么，就仅仅因为是你，在那个人的眼里，你跟所有人都不一样，茫茫人海，也唯有你让对方产生了不一样的感觉。

别那么自卑，既然一个人选择了你，那就说明在对方的心里你就是最好的。你很好，你值得，在一段关系里，你永远都不必把自己看得太过卑微，也不必总是谨小慎微，畏畏缩缩，只管好好去享受那一段关系。

记住了，不管你是什么样子，都一样值得被爱。

单身的你值得，失恋的你值得，离婚后的你同样也值得。

贫穷落魄，值得；年龄有些大了，值得；存在一些缺陷，也依然值得。

不要否定自己，要多看到自身的价值，要找准自己的位置。在和一个人的相处中，盲目地高高在上很不可取，一味看轻自己同样也并不应该。

要从真实的自我出发。

相信自己！你平凡，却独一无二；你不是最好，也是一旦错过再难遇到。

哪怕渺小如尘埃，也依旧值得拥有一份不错的感情，配得上不错的人。

到底什么样的人才算合适的人

❀

为什么还不结婚?

对于这个问题,很多人的回答往往都是,因为还没有遇到合适的人。

并没有谁真的喜欢孤独,不过只是不想随便凑合罢了。毕竟凑合过日子,很难有什么幸福可言,只会辜负了别人,自己也一点都不痛快。

诚然,结婚是一辈子的事,在这件事情上我们的确不应该草率,只是与此同时,如果我们真的想要找到那个合适的人,却也得先弄明白,到底什么样的人才算是合适的人。

身边一位姑娘,三年时间她相亲了三十来次,然而,即使相亲了那么多次,她也始终都不曾和谁开始过一段恋爱,一直都觉得跟谁都不合适。

有的人,那的确是各方面都不合适,都不匹配,彼此相差很大;

有的人，她挺满意对方的家境和学识，但是她又觉得长相差点意思，自己无法接受；有的人，外在、内在和家境都很符合她的心意，她又会介意对方和自己不是同一个地方的，一心要找一个当地的。

她总有理由觉得对方不合适，总觉得那个完全适合自己的人还不曾出现。

一次次欣然前往，又一次次败兴而归，一直期待着某一天可以遇见一个百分百满意，完全符合自己预期，让自己觉得就是对的人。

说起爱情，很多人总是认为，在每个人出生的时候，上天就已经为我们准备好了一个人。那个人不论是长相还是家境，不论是学识还是品性，不论是爱好还是说话的方式，都会是我们想要的，和我们完美契合。认为那样的人才是适合自己的人，殊不知，在现实生活中从来都没有那样的好事，那样的人也并不存在。

就像我们在出生以后，自己到底会成长为什么样子，有着怎样的人生，那根本就无法预测，更多的在于成长环境，在于自身的选择，这个世界上的其他人，同样也是如此。

没有人会按照我们的要求出生，也没有人会按照我们的渴求去长大，成为我们命中注定的爱人。

适合我们的人，也从来都并不是说所有方面都符合。整体看来，那个人身上具有我们十分想要、很吸引我们的东西，然后因为这一部分，我们愿意接受对方身上那些自己不太喜欢的地方，对于一些细枝末节可以直接选择忽略。

人不能太贪心，什么都想要。什么都想要的结果，只怕是什么都得不到，就只会一直困在原地，始终也找不到出路，遇不到一份爱情。

当我们懂得取舍，我们就不再执拗，告别单身，和一个适合的人进入一段关系。好的感情，一半是适合，一半是经营。

❀

就像我身边一对夫妻，在旁人眼中，他们简直就是天作之合，男帅女美，彼此的学历都很高，家境都很不错，也都有着不错的工作和收入。

然而，虽然在外人看来他们是那么般配，他们也确实门当户对，当初更是一见倾心，但是在相处中，却同样经常都有着各种矛盾，时不时地会冒出离婚的念头。

在刚刚结婚的那一年，他们经常因为一些琐事而争吵，一言不合就会爆发一场战争，谁都不愿意让着谁，甚至差点真的离了婚，还是后来彼此都舍不得，选择好好沟通，都适当做出一些调整，才一点一点变得好了起来。

没有谁，天生就适合谁，也没有谁，能够完全符合谁的心意。

看起来再相配的两个人，也依旧还是会有一些时候相互看不惯，出现很多的问题。每当问题发生时，放弃很容易，但是放弃了就什么都没有了，也唯有跨过一次又一次的坎，然后找到一种真正适合彼此的相处模式，日子才会更好过一些。

爱情也好，婚姻也好，并不是拼图，两个人拼在一起就刚好完美无缺，那更像是一场需要不断打怪升级的竞赛，需要两个人相互配合，方能一路披荆斩棘，最后真正实现想要的共赢。

可以说，合适的人从来都并不是现成的，都是在选择了一个人过后，在一天一天里，在一点一点思想的碰撞中慢慢磨合出来的。

恋爱和结婚，并不是两个一百分的人组合在一起，去组建一个百分百的家庭，而是两个都并不完美的人在相遇之后一起为了未来而努力，一起变成更好的人。

男女之间，究竟相差多少岁更好

❈

谈恋爱也好，结婚也好，不管是男人还是女人，选择跟自己年龄相仿或稍微差那么几岁的情况，一般还是比较多的。

人们往往都有着一种普遍的认知，认为只要彼此年龄差不多，然后走过的岁月差不多，那么思想观念也就会差不多，彼此会比较容易合得来，可以好好相处，不至于会有太多的矛盾。

然而事实上，虽然很多男女年龄差不多，但是思想的成熟度、对很多事情的看法，却未必就是那么一致，甚至完全不一样。

有的人三十岁，真的就有三十岁的样子；有的人三十岁，心智不过才十几岁。

的确有些年纪相仿的夫妻结婚后，还算比较契合，日子还算不错。但是却也真的就有些夫妻，依然是完全无法沟通，两个人吵架都不在一点上，三观就不一样，过得根本一点都不好，相互都觉得很受折磨。

曾接触过一对夫妻，他们是同一年的，是双方父母撮合的，当时相亲后，都觉得对方的长相和条件很符合自己的要求，各自都还挺满意的，然后很快就把婚事确定了下来。

有父母的认同，年龄一样，各方面又比较匹配，他们都觉得以后一定会过得挺好，然而不承想，他们虽然同龄，但是两个人差异却很大。女方比较独立，很有主见，对未来也很有自己的规划；而男方事事都喜欢去问自己的爸妈，从来都没有什么想法，总觉得就随随便便做一份工作就很好了。

两个人也很难好好去聊点什么，男方对很多事都无所谓，总觉得女方事多；女方却比较讲究，总认为男方实在是太没有追求，彼此都看不上对方的生活方式，都觉得对方不可理喻。

结婚后幸福与否，有很多方面的因素，并不是说，只要年纪差不多，婚姻就会有保障，一切就会顺遂。

❀

也有人以为，年龄差不多的并不是那么尽如人意，找一个年龄大的，对方懂得多，在很多方面可以引领自己，自己不必那么操心，会更容易幸福一些。

一位大学室友，她就是这样想的，一心只想要找一位大叔。

怀着这样的想法，在有人给她介绍了一位大叔后，基本上都没有怎么交往，她就和那个大她十多岁的还离过婚的男人结了婚。

哪怕离自己的家乡两千多公里，她也义无反顾。

本想要被宠着，结婚以后对方却对她很冷漠，事事都只会考虑自己，无条件维护着自己的母亲，连钱都跟她分得很清楚，哪怕是后来她有了孩子，在她生孩子的时候，还是她的娘家人在给她资助。

在那段婚姻中，她从来都不曾感受到对方的爱，也不曾觉得自己被那个家庭所接纳。

部分年龄大的人，未必就懂得怎么去爱，可能依旧很不成熟，不想付出，也并不懂得好好去珍惜，去经营这一段关系。在过去的时光里，早就已经封住自己的心，再也看不见别的人。

感情的事，我们其实没有必要一直纠结年龄。不论年龄相差多少，都一样有人比从前过得更好，也一样有人陷入了深渊。

幸福的，他们之所以一直走下去了，过得还不错，并不是因为他们年龄相仿，并不是因为他们年龄差比较大，而在于彼此合适，能够相互迁就。

那些不幸福的，造成的原因同样也并不是因为年龄，而是在相处中，彼此真的就不是那么契合。

在找寻另一半的时候，我们可以根据自己的情况，对另一半的年龄有一个预期。但是与此同时，我们却也不要一定卡得很夸张，就要那个样子。

在遇到一个人的时候，就算对方的年龄符合我们的期待，也还是要淡然一些，先认真了解看看再说，要是相处起来感觉不好，千万不必勉强。

如果一个人刚好让自己很心动，和对方在一起的时候感觉也很棒，对方这个人确实也不错，那么就算对方的年龄并不符合我们的设定，其实也并没有什么关系。

当感觉对了的时候，年龄真的就不是问题。

很多时候，一个人的内心成熟度，未必就跟年龄相关。有的人年纪不小，却依然没有什么责任心，不懂得该如何去爱；有的人年纪虽不大，却早已足够成熟，能够好好珍惜一段感情。

关键不在于年龄，在于人。

自己觉得好，不管相差多少岁，是几个月，是三岁，是七岁，是十岁，是二十岁，都没有什么不可以。

喜欢和合适最好同时发生

❀

这一生，我们总是会面临很多的选择。

选择哪一座城市，作为自己发展的地方，选择什么样的工作，以此来养活自己，以及选择一个怎样的人，和对方一起共度一生。

我们总是会无数次站在十字路口，也总是会遇见形形色色的人。

说起来，就爱情而言，谁都会希望对方刚好各个方面都特别符合，自己不必有任何的犹豫，但是大多时候，我们所遇到的人，却并不那么符合心意。

有时候，我们甚至还会同时遇见两个人，一个是喜欢的，一个是合适的。

总有人在问，喜欢和合适究竟该如何选择，对于这个问题，我想起了身边的一位姑娘。

起初，她觉得就该选择一个自己喜欢的，如果不喜欢，那根本就算不上是爱情，自己也不会想要看见对方，也没有办法忍受那样的日子。

　　她把喜欢看得十分重要，以至于在喜欢上一个人后，当对方也愿意和她谈恋爱，他们就赶紧将关系确认了下来，开启了彼此的恋爱日常。

　　因为喜欢，所以她总觉得，彼此一定可以过得很好，然而在这段关系里虽然她一直很用心，但是他们总是谁都无法理解谁，三观相差很大，对方还总是跟她发脾气，她觉得很痛苦，并不能一直无条件包容，觉得这不是自己想要的爱情。

　　虽然还是很喜欢对方，但是她依然还是选择了放手。

　　再相爱的两个人，如果彼此性格差异太大，完全无法相融，彼此的感情也根本经不起一次又一次的争吵和折腾。到了最后，当初有多么喜欢，后来就会有多么怀疑，觉得自己似乎选错了人，甚至还会觉得自己不该选择喜欢的。

　　越是喜欢，就越是容易受伤，越是容易变得不幸福。

　　这次分手过后，她总结了一下教训，决定不再找喜欢的了，选择一个合适的。

　　后来她遇到了一个跟前任完全不同的男人，对方脾气一点都不火爆，而是很温柔，她约会迟到对方不会说什么，她偶尔任性对方也依着她，她说什么对方也总是很懂。

　　遇见一个很不错的对象，因为觉得合适，所以即使不心动她也还是选择了。

　　这一次，按理说她该觉得幸福了，可是她却始终还是有点闷闷不乐，爱不起来。很想对对方更好一点，却根本就做不到，时常无意识地就忽视了对方，还觉得眼下的日子似乎有些过于没有意思了。

❁

人的心思，终究很难控制，尤其是感情这种事，喜欢就是喜欢，不喜欢就是不喜欢，想要把不喜欢发展成为喜欢，终究还是太难。

或许有人能够安于合适，但是更多的人却还是会希望在合适之余，能有一些喜欢的成分。喜欢才会重视，才会情不自禁地想要去对对方好。

喜欢和合适，究竟哪个更加重要，当我们问自己这个问题、做不出决断的时候，那就已经说明了，其实我们都很在意，都很想要。

站在命运的岔路口，在喜欢和合适之间，我们可以根据自己的意思，去做出自己想要的选择，但是我们也不必急于一时，非要从并不是那么满意的人当中去选择一个，可以再等一等，再重新去寻找一个别的可能。

感情的事，在一起以后如何去生活，那是比较重要的，但是在那之前，自己选择的是谁，其实也已经决定了以后会是如何。一个不错的选择，才会让我们的感情经营事半功倍，自己不必花费那么多的力气，可以不必总是那么闹心，而是可以过得更加轻松一些，日子也更加如意一些。

如果选择不对，以后再怎么努力，也很难有多么好的结果。

终究是，未来另一半，喜欢很重要，合适也很重要。不必非要选择一个放弃一个，要尽可能两全，让自己都能够拥有。这不是贪心，是在为将来做打算，让以后的日子不要太难。

　　当然，遇见一个特别喜欢，也特别合适的人，可能并不是那么容易，会需要一点运气。能够遇见，这固然很好，一切都会很顺遂；若是没有办法遇见，可以不那么喜欢，不是完全合适，但是也一定还是要有着一些好感，一定要能够相处起来还算可以。

　　都占一点，至少会更安心一些，也才会更容易培养出默契，渐入佳境。

　　喜欢和合适同时发生，会是更好的感情。

早婚还是晚婚

❀

对于结婚这件事，在很多人的心里，都有着一个疑问——不知道自己到底是该选择早一点结婚，还是该晚一点结婚。

我的一位发小，因为家庭的原因，她早早就辍学外出打工了，在外面的时候她恰好遇到了一个她很喜欢的人，当时还给我写信各种夸赞对方。

因为遇见得比较早，所以她结婚也很早，差不多刚刚到了法定结婚年龄，她就已经走进了婚姻。结婚后很快有了孩子，这让她不过三十出头，孩子就已经快小学毕业了。

身边的人都很羡慕她，说她结婚早，早早地孩子就那么大了，而那时候她却说，自己反而是羡慕结婚晚的人，可以有着多年属于自己的时光，自由自在的，自己则是早早地就被婚姻和孩子困住了，都没有来得及好好感受一个人的岁月。

时不时地，她总是想要找一个地方透透气，让自己一个人待一阵子。

晚婚的人羡慕早婚的她，她则是羡慕着晚婚的人。

人很容易就会这样，选择了一种生活方式后，又去羡慕另外一种。而不管是哪一种，是早婚还是晚婚，那其实都各有利弊。

早一点结婚，可以早一点和一个人一起面对生活，也可以早一点生孩子，好像一切都会变得更加容易一点，等孩子成年了，自己也还很年轻，可以早点变得更加轻松一些。

而如果是晚一点，自己可以先享受几年比较自在的日子，等结婚的时候，自己也会更加成熟一些，能够知道自己想要的是什么，也能够更好地处理感情问题。

❀

无论是早婚还是晚婚，都没有什么不好。究竟该如何选择，其实也不需要固定于某一种模式。每个人的情况都不一样，关键要看自己的想法，要根据自己的实际情况来。

总有人运气还不错，二十来岁的时候就能遇见了一个自己很喜欢，彼此也很契合，相互都很珍惜的人，两个人不仅相互喜欢，也是真的很想一起过一生。

这时候，如果彼此都很认定、都很确定自己想要和对方共度余生,也有条件结婚,那当然就没有必要一直等待,可以直接将婚事提上日程。

本来,当彼此相爱,就会想要一直在一起,想要结婚。一心想要在一起的两颗心,别人越是反对,反而会越靠越近。

至于结婚以后的生活,彼此再一起磨合,一起去慢慢寻找那种更适合彼此相处的方式就好。

要是还没遇到想结婚的人,就先别着急。在生活当中,在好好过着自己的日子的同时,也可以一直物色比较适合自己的人。

不必太着急,想着赶紧抓一个;也不必太刻意,直接就拒绝所有人的靠近。自然而然一点,不一直想着觉得还不是时候。

一边等待着那么一个人,一边先好好享受自己的单身,在这段时间也给自己不断增值。

当别人都在结婚的时候,先稳住自己的脚步,不要着急。就算可能会比别人晚一点,晚几年,晚好些年,那也没有什么关系,只要那个人是自己想要的,这就足够了。

❀

幸福比时间重要。

婚姻也好,人生也好,不是说别人怎么样,我们就也要怎么样。每个人的境遇并不相同,每个人的所求也并不一致。

早婚有早婚的好,晚婚也有晚婚的可取之处。

自己喜欢，那才是最好的;适合自己的，那也才是最值得的生活。

选择晚婚的人，不必羡慕早婚的；选择早婚的，也不必羡慕晚婚的。都不必总想着过上另一种生活，只管守好自己，走在自己的时区里。

只要自己觉得好，不管是二十岁结婚还是二十五岁结婚，不管是三十岁结婚还是三十五岁结婚，都没有什么不可以，都一样是最好的年龄，最好的时机。

爱情里，
外在和内在都很重要

❀

外在和内在，有人轻外在，格外注意内在，也有人觉得外在意味着一切。

身边一位同事，当有人给她介绍了一个相亲对象后，他们稍微聊了一下，两个人相谈甚欢，彼此都觉得还不错，于是就相约了见面。

她一直以为，对方经常和她谈文学谈理想，一定不是个肤浅的人，喜欢的是她的内在，在相见那天，她就完全没有收拾，甚至还稍微有一点扮丑，想要试探下对方。

在内心深处，她深信对方一定不会介意，只要对方能够过了这关，以后一定打扮得美美的，然而不承想，真的相见过后对方明显感觉很失望，只聊了几分钟就找借口离开了。

后来，当她再次想要联系那个人时，却发现自己已经被拉黑了。那个男人连再见都没有说一声，就直接淡出了她的世界。同事很不解，埋怨说对方只知道看外在，还觉得自己看错了人。

可其实，在爱情里，外在从来都很重要。

❀

人与人之间相处，如果平日里彼此接触的机会比较多，多到能够仔细了解人品和性格，可以有着很多的互动，让情愫暗生，那么这时候，外在可能就不会显得那么重要。然而大多数时候，我们根本就不会有那么多的机会去了解一个人，去向别人展示自己。

在刚刚认识一个人，根本就不清楚对方是一个什么样的人时，不自觉地，每个人就只会先通过对方的外貌，去做出一个判断。

长得好看的人，打扮利索的人，谁都会不自觉地想要多看几眼，会有想要了解的欲望。与之相反，要是一个人看起来就让人感觉很不好，那么大多数时候，不管这个人内在再怎么闪闪发光，多数人也并不会有兴趣去了解，只会直接远离。

找对象也是一样，虽然大多数人并不会过于在乎长相，但还是会希望对方不要太难看，能够看起来比较舒服。

毕竟，两个人在一起过日子，如果看都不想看见对方，那么这日子也就没办法过了。以貌取人看似很草率，其实也很正常，每个人也的确该对自己的外在负责。一个人的外貌，那看似是天生的长相，实际上却还蕴藏着一个人走过的路、读过的书，以及对万事万物的态度。

不管是生活还是爱情，谁都没有义务透过我们邋遢的外表，去透视我们深邃迷人的内心，当自己只是注重内在而忽视外在，那未必是别人的损失，却会让自己损失很多。

这一生，我们有义务好好收拾自己，但也不能只是注重外在。

✿

遇到过一位读者，她长得不错，也很会打扮，在异性中她的人气一直也都挺高的，追求者众多，但是每当她和一个人接触不久后，对方就会对她失去热情，说他们并不合适。

她一直都不明白这是为什么，明明每一次她都有精心打扮和化妆，形象一直都很过关。

直到又一次感情失利，她忍不住问了对方，对方跟她说觉得相处起来很费劲，很无趣，她总是不太能够理解对方的意思。

也就是说，她的长相确实很让人满意，但是她这个人却并没有让人满意。

外在很重要，但是一味地只是注重自己的外在，完全不去丰富内在，这也是不可取的，那会显得自己就像是一个空心瓶，内在空空如也。

一辈子那么长，很多人会希望自己的另一半看着顺眼，更会希望彼此可以很合拍，能够聊得来，一起探讨些什么，在精神方面也可以比较同频，灵魂共振。

外在决定有没有开始，内在则决定有没有以后。

外在不错，让一个人有意愿走向我们，想要有进一步的了解。而当一个人向我们走来过后，要不要留下来，又愿意和我们在一起多久，还是要看内核。

在这个阶段，空有皮囊，如果彼此根本就合不来，经常聊天都聊不下去，在很多事情上都有分歧，完全就是南辕北辙，那么感情也就很难继续。

而要是相处下来，相互也还算和谐，没有太大的问题，这份感情才有可能一直持续下去，到最后真的可以修成正果。

人都是很实际的，对于未来伴侣，都并不会只看某一方面，而是会综合考量。

虽然说一个人的长相在出生时就已经基本固定了，不过没关系，我们即使天生不是特别好看，但是也还是要好好收拾自己，呈现出自己更好的一面。

把自己收拾得更好一点，自己的感觉会更好，在爱情里也会更顺一些。

真爱，并不是有人完全不在乎你的外貌，而是对方既喜欢你的外貌，同时深爱你的内在。外貌和内在，并不是竞争关系，而是相辅相成的。

毕竟，外在和内在，都是你的一部分。

这一生可不可以不结婚

❀

一辈子不结婚行不行？

和一位朋友吃饭，谈起结婚，她突然问出这么一句。

她说觉得自己一个人过挺好的，反而是看身边那些结了婚的人过得并不是那么好，经常都在吵架，在冷战，在因为对方而生气和伤心。

整颗心都扑在家里，完全没有了自己的时间。

不得不说，在这个时代，随着人们的观念越来越多元，女性变得越来越独立，大多数男人和女人凭一己之力，也完全可以养活自己，从前的婚姻模式早就已经不再稳固了，而是正在逐步瓦解。

在这样的背景之下，对于婚姻，人们也就开始有了不一样的看法，觉得婚姻不是必需的，只是一种选择，是生活的一个组成部分，可以选，也可以不选；不少的人甚至还有了干脆就不要结婚的想法，只想把所有的时间全部都用在自己的身上，自由自在地过着自己想要的生活，不必去忍受另外一个人，也不必去承担那么多。

一个人过，只要自己内心足够强大，物质有保障，能够屏蔽掉外界的那些杂音,可以说服自己的父母,那并没有什么问题,也同样还是可以过得不错。只不过,我们最好不要轻易做出这样的选择。

❀

接触过一位读者,二十多岁的时候,在经历过一段失败的感情过后,他就一直不想谈恋爱,觉得恋爱好麻烦,不仅不想谈,甚至还扬言自己要当不婚一族。

在那段时光里,最初的那几年他四处旅游,过得很潇洒,也很享受。随着迈入三十岁,他已经去了很多地方,见过了很多的新奇事物,但他越来越觉得有了一种落寞的感觉,对好些东西也开始提不起兴趣。

好些时刻,总是有着一种深深的孤独感。

又那样过了几年,当他得知爷爷生病了,唯一的心愿是希望能够看到他成家时,他后悔了,很想组建一个家庭。

不仅仅只是因为觉得对不起爷爷,更是在那一刻,看着有家人忙前忙后,他突然觉得,自己现在过得是挺好的,但是等有一天自己老了,生病了,后果却是不堪设想。

也并不是怕没有人照顾自己,只是还想要有一个家,身边有那么一个人,屋子里会有另一个人的声音,有时候回家会有热腾腾的饭菜,偶尔自己不倒垃圾会有人倒,冰箱里时不时地也会出现一些不是自己买的食物。

不想在这个偌大的世界里自己只是形单影只，身若浮萍，无人在意，没有一个可以栖息的地方，一切也都只是死气沉沉的，完全没有半分的生气。

他说他很遗憾自己到了三十几岁才意识到，自己其实并没有那么不渴望婚姻，也很遗憾自己白白蹉跎了那么多的时光，让家人为自己担心，也让自己错过了许多。

已然错过的，已经无法重来了。还好，后来他抓紧去找，也走进了婚姻，圆了家人的梦，达成了自己的愿望。

❀

可不可以一辈子不结婚？如果自己真的想，那当然可以。

自己的人生，每个人都有着绝对的决定权。

只是，当自己并没有那么坚定，还是向往尘世的幸福，想要有一个人陪在自己的身边一起面对人生中的风风雨雨时，当然就不该掩饰自己的渴望。

太多事，往往都是发展变化的，人的思想也是。

所以，在年轻时，要是拿不定主意，但凡还对婚姻有所期待，都只管认真去找寻。去找到那么一个人，彼此有意，都觉得和对方还不错，一起去组建一个小世界。结婚后，就好好经营这段关系，让自己可以感受到一些幸福。

并不是所有的婚姻，都很糟糕，找对了人，能够和对方好好生活，一加一真的就会大于二，会比单身的时候过得更好。

　　如果年龄已经不小才越发地渴望爱情和婚姻，也不必觉得懊恼，不管什么年纪，都一样可以去爱，都有机会遇见一个不错的伴侣。

　　爱情并不只属于年轻人，爱情属于每一个成年人。

　　二三十岁可以去爱，四五十岁可以去爱，六十岁了也同样可以。

　　想结婚，有了心仪之人随时都是可以提上日程的。

　　只是我们也要记住，那种白头偕老，到了老年还能够相互扶持，牵着手一起往前走的感情，也并不是只要结婚了，就一定可以拥有，那需要双方一起好好经营这份感情。

　　好的婚姻，能够治愈很多的人间疾苦。

　　总要走上那么一遭，经历过，感受过，爱过，痛过，所有感受，自己才能真的明白。

　　不会只是显得很空洞。

　　不会只是留下一声叹息。

Chapter 02

当没有人爱时，先做好自己

不必先谋生再谋爱

❈

收到过一位读者的留言。

小伙子在大学毕业之际，一位姑娘对他表白了，而且那个姑娘刚好是他心里很喜欢的姑娘。

好长一段时间以来，他对这位姑娘都是有好感的，只是想着自己条件不好，就始终没敢去争取。他本想着先奋斗，等以后有一定的经济基础再考虑恋爱的事，但是姑娘都那么勇敢地对他主动表白了，他心里也并不想拒绝。

在这种情况下，他说自己比较困惑，不知道是该先拼搏，等有了一定的成就，取得了一定的成功后再去恋爱，还是说该给彼此一个机会。

对于事业与爱情，相信很多人都听到过这样的话，先谋生再谋爱。

可实际上，二十来岁的时候，如果并没有遇到喜欢的人，那么我们当然应该先好好奋斗，去提升自己的能力，让自己变得更优秀。

可是假如我们刚好遇见了一个自己很喜欢,同时也很喜欢自己的人,那么我们其实也没有必要非说现在不考虑恋爱,把这样一份感情直接拒之门外。

没有很多钱,我们同样可以去爱一个人,虽然暂时给不了对方多好的物质条件,但是日常无微不至的关心,一些小礼物和小心意,也可以打动对方,使其愿意和我们好好在一起。

我们也不必觉得爱情需要花太多时间,那可能会让我们没有足够精力去拼事业,因为一份好的感情不仅不会妨碍我们,反而可以成为我们的动力,让我们变得更加有冲劲。

大多数人都是普通人,一个人的力量终究是有限的。很多时候,和一个相互喜欢的人一起奋斗,共同创造未来,远比自己一个人拼搏更有优势,也会显得更加有意义。

况且,成功从来都并不是一件容易的事,可能需要很多年,甚至花费半生也未必就能真的达成所愿,反而还可能只是平凡依旧。

如果有一天,我们先丢了爱情,后来事业又并没有成功,到了那时候重新去找一份不错的感情,只怕也会变得很难。

年纪还小时,会有人奋不顾身恋爱;年纪大了,却会开始看条件了。空有年纪,条件也不好,难以遇见一份纯粹的爱恋。

就算有一天我们真的发展得不错,有一定物质基础了,错过的人却也无法重来。

❀

　　就像我身边的一位朋友,他曾经很喜欢一个姑娘,姑娘也很喜欢他,他很想拥有这份爱情,奈何家境不好,工作也一直不顺,一切都让他自顾不暇。

　　那时候他毅然放弃了爱情,不辞而别,去了别的城市。

　　后来在新的城市,他一直很努力,三年后,他的事业也算是小有所成了。那时,接近他的异性,他都总觉得差点意思,甚至还显得有些功利,他又想起了那个姑娘,想着姑娘对她的感情是比较真诚的,也是一个很不错的人,自己也终于可以给姑娘一份安稳了。于是他就回过头去找那姑娘,可是姑娘却早已经和别人结婚了。

　　我们总以为来日方长,以后有的是机会去寻回喜欢的人,去遇见一份爱,但是当我们真的经历过就会发现,并没有谁会一直在原地等待着谁。

　　白白葬送了一份爱,我们会开始懊恼,遗憾自己曾经不该轻易放弃,只是再后悔也无济于事了。

　　年轻的时候,我们不必一定要先赚钱再恋爱,谋生和谋爱根本就不必非得分出一个先后顺序。正所谓,遇良人先成家,遇贵人先立业。我们是该好好奋斗,但是在这个过程中,也不必刻意计划着何时谈恋爱。

事业在于不断地选择,而爱情则是自然而然地发生。

不论年龄,不管自身是什么情形,当爱情发生的那一刻,我们都不必有任何的犹豫,只管顺应自己的内心,好好去爱,好好去珍惜,好好把握。

爱情的确离不开物质的加持,但是那从来都不意味着没有足够多的物质,就不能拥有爱情。物质很重要,真心更重要。一份好的爱情,即使彼此最初时很窘迫,以后却也会变得越来越好。

相亲也能遇见爱情

你能接受通过相亲找对象吗？

身边有一位朋友，由于性格比较内向，平时又比较宅，每天除了上班，就是待在家里，以至于到了二十七岁了，她依然都还是孤身一人。

到了这个年龄，眼睁睁地看着身边的人都结婚了，她很羡慕，也很想谈场恋爱，然后结婚，但是她的身边却并没有那么一个人。别人给她介绍对象，让她去相亲，她却又觉得很反感。她总是觉得恋爱该是自然而然地发生，而不该是太有目的性地去认识一个人。

因为怀有这样的想法，她一直拒绝相亲，转眼三年过去，她还是单身。

对于相亲，似乎很多人都觉得那很不靠谱，还很尴尬。可事实上，通过相亲去寻找伴侣，也并没有什么不好。

曾经有一位读者跟我说过一段关于他的经历。

有一次，他的朋友给他介绍了一位姑娘，让他一定要去见见，他本来就不喜欢相亲,又听说那个姑娘不是本地人,还比他大一岁,他就更不想去了,觉得去了也只是浪费时间。

但是碍于情面,他最后还是选择了赴约,本来就想着稍微应付一下,然后找个借口早早离开。但是去了之后,很意外地,他发现对方不仅外形是他喜欢的样子,彼此还很聊得来,不知不觉他们就在一起待了一天。

也就是在那一次见面后,他们两个人开始了来往,确定了恋爱关系,最后结了婚。

后来他总是说,很庆幸自己当时没有推掉那次相亲,不然就会错过彼此了。

❀

能够在某一天自然而然地遇见一个喜欢的人,和对方相爱,这确实非常好,只不过现实往往是,年纪越大圈子越窄,一旦在一个时间段里不曾遇见那么一个人,此后真的就很难再遇见。

当自己的圈子里并没有那么一个人,想要告别单身,当然就需要扩充圈子。让自己认识更多人的途径有很多,而相亲一直都是比较不错的一种。

好好去了解一下,就会发现,在我们的身边,真的有好多夫妻是通过相亲认识的,然后走到了一起,最后成了一家人。我身边的好几个朋友,她们也都是在相亲中遇见了自己的伴侣。

恋爱和结婚，彼此是怎么认识的，从来都没有那么重要。是自己偶然间认识的也好，是相亲认识的也好，也没有什么区别，关键不在于形式，而在于自己的心态，在于自己所遇到的究竟是一个什么样的人，彼此究竟有没有默契，喜不喜欢对方，合不合得来。

❁

当自己和一个人相处起来很舒服，总是能明白对方的所思所想，在一起也很开心，那么即使是相亲认识的又怎么样，只要能够过得幸福，也就足够了。

没有必要非要给自己设限，一定要通过哪种方式去认识异性，该好好把关的是人本身。

也不必心存偏见，并不是说一个人还需要相亲，就一定是各方面不怎么样，是被别人挑剩下的，可能只是恰好耽误了，碰巧还是单身而已。

相亲，也能够遇见不错的人，也是可以遇见爱情的。

与此同时，我们不必把相亲想得太复杂了，相亲可能会显得更加功利一点，但就算不是相亲，等到谈婚论嫁的时候，也一样逃不过各方面的考虑和权衡，比如人品、性格、能力、家境，比如对自己如何，比如相处的感觉好不好。

更何况，相亲并不是说加个好友，见一面，就一定要在一起，就算是男女朋友了。相亲不过是多认识一个人，为自己多寻找一种可能。

　　在相亲过后究竟要不要来往，要不要发展，要不要成为恋人，要不要结婚，自己都还是可以选择的，也还要看以后具体如何发展。

　　可以有一个不是那么纯粹的开始，但是最后，一定因为彼此真的合适，确实想要在一起，所以才更进一步，将关系一直持续。

网恋可以，但要慎重

❀

  在如今这个年代，的确有一些人，是通过网络找寻到了自己的另一半，结婚以后过得还不错。但凡事皆有两面，在有些人真的幸福了的同时，却也有些人被欺骗了。

  有时候，在网络的背后，我们并不知道对方真实性别，对方跟我们说的到底是不是真的，究竟是不是真心。

  因此，我们可以尝试网恋，但是在进入一段网恋的时候，还是要慎重些。

  距离太远的，最好就算了，距离在现实中真的是问题，很难有谁会愿意轻易放弃当下所拥有的，义无反顾地奔向另一座城市。在同一座城市，在相邻的城市，只有几公里，十几公里，哪怕是几十或者几百公里，确保现实生活中可以真的相见的，也务必要保持一份理性。

  身边一位同事，在经常去的一个论坛里认识了一位男士。

看他的照片，她觉得还不错，和他聊起天来，她感觉也挺好的，一来二去，随着他经常跟她说各种暧昧的话，他们虽然未曾见面，但也确定了恋爱关系。

她一直以为，对方就是自己想要的另一半，那位男士也是这样对她说的。

在网络上，他们聊得很愉快，后来彼此也终于不再甘于只是网上聊天，选择了见面。然而见面后，他们双方并不满意，觉得长相不如网上，感觉也不如网上，后来直接就断了联系。

网络世界，终究还是有些虚无，照片可能也不是那么真实，感觉可能也并不是那么值得信任。而且不仅仅是不真实，甚至还有可能对方提供的信息根本就是弄虚作假，有些夸大其词。

不想自己的真情付诸流水，在网络中每个人都还是要小心一些，别太快说喜欢，更不要太快就深陷，在差不多的时候可以先见面再说。

可以在网恋中相识，但恋爱还是要在现实生活中去谈。亲眼看一看对方，也让对方看一看自己，确认一下对方的身份，也体会一下现实中的感觉；感觉都还不错，再去慢慢了解，一步一步向前发展。

见面的感觉和隔着屏幕的感觉，很多时候真的会很不一样，差别挺大的。恋爱这种事，还是要去爱一个真实的对方，而不是一个自己想象出来的人。

慢一点动心，和对方来往的时候，也务必要守好自己的底线。

❀

  一位姑娘，她的感情生活一直都不是太顺，后来在网络中她遇到了一个很聊得来、处处照顾她情绪的异性，两个人相谈甚欢，她很快就变得十分信任和依赖对方。

  聊着聊着，对方说很想要给她一个稳定的未来，为了这个目标，他自己会努力赚钱，也可以带她赚更多的钱，于是她相信了，先是一点点尝试，最后还直接把所有的积蓄全部都拿了出来。

  刚开始她确实赚到了一些，提现也没有问题，但是随着她把钱全部投了进去，她的钱就没有了，那个男人也消失了。不仅没有拥有想象中的爱情，还掏空了所有积蓄。

  有那么一些人，不愿意好好工作赚钱，而是藏身在网络背后，再编造一个假身份，然后专门去找单身的人，利用对方想恋爱和结婚的心理，然后骗钱。

  并不是刚刚开始就会提钱，而是先培养感情。在你动了情，沉浸到对方描绘的未来里，开始对他产生了信任过后，才会以各种理由让你拿出自己的钱。

  可能是说带你赚钱，可能是说自己需要资金周转，可能是说家人遇到了什么麻烦，可能是直接跟你卖惨，可能是直接让你付出钱财来表达诚意等。

手段并不高明，只是当你动了心，却总是会失了分寸。

不想自己陷入这样的处境，在做好自我人身保护的同时，你就一定要牢记不要太快涉及金钱，就算你实在想要付出，小额可以，大额一定慎重考虑。

网恋可以，但是防人之心不可以没有。不要盲目，不要轻信。

管好自己的感情，守住自己的底线，放慢节奏，被骗的概率往往就会大幅度降低，你也才能真的筛选到一个比较靠谱的人，拥有一段比较靠得住的感情。

等待爱情还是将就婚姻

❀

年少时,我们总以为长大以后一定会在恰当的时间遇见一个恰好的人。真的长大了我们却发现,那不过是自己的想象罢了。

到了适婚年纪,哪怕已经过了那个年纪,仍有很多单身的男女。

而每一个年纪不小了却还是单身的人,也都会面临着一个问题,究竟是继续等待爱情,还是干脆赶紧找一个人,将就走进婚姻。

对于这个问题,我想起了身边的一位老人。

在年轻的时候,他也曾喜欢过一个人,当时他们感情挺好的,但是由于对方家人不同意他们结婚,两个人最后分开了。在那之后,他也并没有一直停留在那段感情里,而是重新开始寻找了。只是找来找去始终都没有再遇到感觉那么好,自己想要结婚的。

一路寻寻觅觅,一直到了五十五岁,他还是一个人。

确实,如果选择等待,越是到了一定的年纪,我们往往越是不容易遇见爱情。因为很多同龄人都已经结婚了,因为成年人的世界,心动的

阈值真的就很高。

一直等下去，真的就可能一直都等不到，会有着孤独终老的风险。

对于这一点，如果觉得那也没有什么关系，自己一个人也能过得不错，自己能够忍受那样的日子，那么我们可以去做出这样的选择。

只是大多数时候，我们未必有那样的底气，也并不愿意就此过一生。所以很有可能，在意识到自己年纪不小了的时候，我们会有些慌，会恨不得赶紧抓住一个人。

❀

一位朋友，她从小性格就比较内向，也很听家里人的话，一直到大学毕业，都没有谈过恋爱，完全没什么恋爱经验。工作后谈了一次，两个人谈了两年，后来也没有一个结果。

之后也见了不少的人，但一直都没有遇到合适的，不经意间，就到了二十九岁。临近三十岁，家人各种催促，她也着急了，最后在父母的安排下，见了一个他们认为还不错的，家境可以，长相过关，工作也行。

父母觉得很好，她却总觉得对方太闷，话太少，不懂得沟通，相处起来很不舒服。她很想拒绝，但是在父母的苦口婆心之下，也考虑到自己的年龄，她还是选择了结婚。

彼此成了夫妻，她也努力说服自己去接纳对方，奈何她本能地就很抗拒对方的亲近，他们相处得也并不怎么好。在金钱方面，对方总是对她很防备，都是和她平摊，家里的大小事，对方仿佛跟看不见一般，当她想要好好聊一聊时，对方也总是特别地敷衍。

她越来越觉得后悔，并不甘心自己的后半生一直都是这个样子。

她虽然结婚了，然而婚后的生活却过得并不好。没有感受到幸福，反而比一个人时更加孤独。

在这个世界上，我们可以将就吃一顿饭，将就看一场电影，将就从事一份工作，但是在结婚这件事上，最好不要太随意了。

结婚从来都不是结束，而是开始。结婚前就觉得别扭，根本就不愿意，结婚以后我们很难做到和对方好好去过。就算我们可以，但是那些感觉不对的地方，却会成为牵绊，彼此住在一个屋檐下，也是很难和谐的。

明明不情愿，还是不管不顾，到了最后，受苦的只会是我们自己。

等待爱情还是将就婚姻？一直等下去，看不清未来；随便抓一个人，可能会很不幸。不管怎么选，我们都会发现，都并不是多好。而这时候，我们其实还可以有别的选择。

❀

　　说一段我听来的经历。

　　也是一位姑娘，二十多岁的时候她一直很享受单身，不着急找对象，后来突然有一天，当她意识到自己快三十岁了，一下子就很想赶紧稳定下来。

　　为了达成目标，她梳理了自己的情况，怎样才能够找到一个还不错的人，以及想要找一个怎样的伴侣，就发动身边的人给自己介绍，自己也不断去参加各种相亲活动，半年时间，她还真的就遇到了一个人。没有特别心动，但是也算挺有好感，更关键的，她很认可对方的为人，觉得对方各方面条件也还行。整体考虑下来，她觉得还挺满意的。

　　他们结婚了，结婚以后都在好好经营，日子过得也还算不错，她觉得很知足。

　　很明显，她很清楚自己想要的是什么，也并没有只是选择等待，而是在让一切落实。

　　就爱情而言，如果只是一味等待，自己不做出一些改变，不去认识谁，不去和谁接触，其实很难等到那么一个人；想要拥有，就得有所行动，去遇见，去靠近，去接触更多的人。

　　不求多么相爱，着重看人品，看对方的性格，看彼此相处的感觉。

要是对方人不错，比较有责任心，都能够看得顺眼，身体可以接纳，相处起来还算舒服，条件也还算相当，结婚后就好好去经营，共同面对新生活。

那样一个人，或许刚开始你们之间不会有多深的感情，但是当彼此在一起了，都愿意好好善待彼此，相互珍惜，慢慢地相互之间却也会产生很踏实的情谊。

我身边有不少的夫妻，两个人当初并没有多么心动，但是结婚后也是相敬如宾，岁月安稳。

现实生活中，那种特别心动的爱情，的确是存在的，但是也许并不多。

不求轰轰烈烈，只求能够得一良人，彼此分工合作，共同分担，也会是不错的婚姻。

别总想着找个人
不谈恋爱直接结婚

❀

好想找一个人，不谈恋爱，直接走进婚姻。

你说这样行不行？

当一位读者找来找去，也都没有找到合适的人时，他向我提出了这样的问题。

不仅仅是这位读者，在单身的人群中，时不时地都会有着这种声音，想要跳过恋爱和一个人直接结婚，说是不知道恋爱该怎么谈，但是结婚以后，一定会好好善待对方。

乍一听，这句话似乎挺有道理的，可以省去选择，省去谈恋爱的麻烦，直接就尘埃落定。等真的和一个人走进婚姻，一切成为定局，再好好相处，似乎也挺美的。然而，没有过程就直接来到结局，那终究不是什么好事情。

结婚，看起来一切都圆满了，但其实不过只是一个全新的开端。

人生是一段旅途，起点是出生，终点是死亡。虽然谁都知道最后的结局，但是在这些时光岁月里，我们不能总想着省略，还是要先好好去感受一番。

就像种子的成熟，总是需要时间，从恋爱到结婚，也该是有一个过程。

如果最初自己不去相遇，不去和一个人相知，不去和一个人相爱，有一段花前月下、怦然心动的岁月，就直接来到了婚姻，想一想，也挺残缺的。

谈恋爱，不管是去寻找那个人也好，和那个人慢慢了解也好，为了彼此辗转反侧也好，在当时看来，一切或许会显得很煎熬，当时过境迁，一切却也都会是很美好的往昔。

这些回忆，不仅会是一种体验，更是会此后生活中的幸福谈资。

这一生，看似很长，但是真正能够留在脑海中的记忆，却并不会太多，也许只是那么几个阶段，那么几个瞬间，不想让自己以后的回忆只是很空泛，在这段时期什么都没有留下，恋爱的每一步，最好都别省略。

更何况，如果直接略过恋爱来到结婚，我们却也未必就会有经营婚姻的能力。结婚以后，我们以为等待自己的会是想象中的先婚后爱，幸福甜蜜，可能等到的是相看两厌，草草收场。

❀

也是一位读者，他在一次相亲中，当两个人见第一面的时候，他说自己想结婚了，不想花太多时间谈恋爱，对方恰好也正有此意，于是他们一拍即合，想着先婚后爱，认识三天就领了结婚证，也开始张罗起了婚礼。

本以为结婚而已，并没有什么难的，结果婚礼还没有办，他们就已经因为一些琐事闹得不可开交，发现彼此根本就合不来，没有办法沟通，谁都无法容忍谁，火速结婚，又火速离了婚。

并不是所有的先结婚后恋爱，都会是惨淡收场，但是大多数情况下，当彼此没有最起码的了解就匆匆走进婚姻，此后过得不好的概率也是挺大的。

谈恋爱，确实挺难的，不仅仅是在茫茫人群中找出对方很难，找到了过后赢得对方的心，和对方将爱情进行到底，真的走到结婚的那一天，那同样也很难。

恋爱很难，结婚过日子也并不简单。恋爱只用相互喜欢，而结婚需要考虑住房问题，考虑一日三餐，考虑生孩子，考虑婆媳关系，考虑如何解决彼此间的问题，如何面对婚姻的平淡等。

在如今这个时代，男人很独立，女人也足够独立，谁都没有必要一定要让着谁，于是，就算能够顺利和一个人直接结婚，当婚后的烦琐扑面而来,当彼此在面对柴米油盐时总是会有着一些分歧,要是彼此没有一点感情基础,谁都不愿意体谅谁,谁都做不到有话好好说,婚姻能够继续的概率,真的就会很低。

两个人有感情基础,都未必可以一起走下去,如果把婚姻当作是一场赌注,那根本就不知道自己下注的对方到底是一个怎样的人。

那时候,总想着赌一把,我们希望自己可以赢,有时候往往会输得很惨。

❀

不谈恋爱直接结婚,这听起来很浪漫,但是这并不好。

所谓的直接结婚,与其说是以后一定会好好过,不如说是想赶紧抓一个人,让自己可以告别找不到对象、结不了婚的尴尬,等有一天自己得偿所愿,真的结婚了,然后再从长计议。

是在逃避,是想要跳过这一段时期,然而,人生并没有快进,每一个阶段,都会有它的意义,每一步,也都还得我们自己慢慢去走。

别那么草率,总想要省事,只管好好去找,认真去筛选。

虽然现阶段,找对象的确让你焦头烂额,但是当有一天找到了,你也会觉得,所有等待都是值得的。花一番功夫才拥有的,自己亲自找到的,真的很爱的,你也会更加想要好好对待,更加愿意花心思去经营，更加懂得和对方好好去生活。

别高估自己，别低估婚姻，婚姻是一辈子的事，我们不必那么赶时间，那也并不是谁都行。

若有似无的喜欢，少揣测

❀

有些人总是很喜欢揣测一个问题，那就是一个人到底喜不喜欢自己。时而会觉得对方是喜欢的，时而又不怎么确定。

身边一位姑娘，好长一段时间里，她一直都在思考这个问题。

有时候，她觉得对方是喜欢她的，毕竟对方会主动找她聊天，对她说一些很暧昧的话；有时候，她又觉得对方根本对她没有什么意思，因为对方有时候根本就不回复她的信息，对她只是爱答不理，除了一些口头上的言语，对方也从来都不曾真的有过什么行动，为她做过一些什么，将他们的关系向前推进。

游走在这两种不确定的情绪之中，她经常感觉很不好，情绪很低落，心中充满了疑惑，晚上常常失眠。各种辗转反侧，却始终不曾得出一个答案。

这一刻确定了，下一秒又会直接推翻，既无法确信对方喜欢自己，也无法相信对方不喜欢。

爱情有时候就是这样，不怕一个人根本就不喜欢自己，怕就怕自己根本看不清楚对方的心思，不知道对方心里到底是怎么想的。

知道对方对自己没有意思，还可以放下，不再执着。但不确定对方心意的时候，却总是会各种好奇，不断去猜，常常胡思乱想，总想要得出一个结论，只有让自己知道了才能够罢休，才可以停下来。

时常都会因此陷入一种精神内耗，常常都是一副忧心忡忡、心事重重的样子。

而对方到底喜不喜欢，花费一些时间和精力能够想清楚也好，只可惜不管再怎么想，无论想了多少遍，也依然还是并没有办法确定，始终还是很纠结。

因为你终究并不是对方，根本就不知道对方究竟是怎么想的。也因为在你看来，真的就有那么一些蛛丝马迹，仿佛在说明着对方喜欢你，也总有那么一些疑惑，让自己并没有办法相信对方真的喜欢。

每当此时，要是你对对方也有好感，还挺喜欢对方的，很渴望能够和对方谈一场恋爱，与其总是各种揣测，还不如就直接跟对方确认看看。

❀

一位朋友，那时候她也是喜欢上了一个人，但是并不确定对方是否喜欢她。

也揣测了几天，揣测来揣测去，她实在有些受不了，于是就主动给对方发了消息，聊着聊着就直接说到了这个话题，还直白地问起了对方。面对她的询问，那个男人说觉得她很不错，挺喜欢她的，很想要跟她试一试。

然后，他们的恋情就开始了，她也没有再一直陷在那样的情绪当中。

与其自己一直各种疑惑，各种内心戏，不如直接行动起来，去跟对方要一个答案，听听对方怎么说，和对方在相处中直接感受，那才是最直观最真实的。

没有什么不好意思的，也没有什么好难为情的，总要试一试，确认看看，才能真的弄清楚，也更加容易就可以清楚明白。

确认过后，如果对方喜欢你，你也喜欢对方，你们就好好在一起，好好恋爱；要是对方并不喜欢你，只是你想多了，你就只管让自己解脱出来，将这一页翻篇。

而要是你做不到主动去问，那么你就先不要想那么多，在对方主动时先好好回应对方，多给对方一些暗示和讯号，做好自己能做的，然后静观其变。

要是对方真的对你有意思，想要和你有一个未来，必然不会甘心只是和你一直停留在这里，接下来对方会有所行动，会主动向你靠近。

真正的喜欢，其实都会很明显，喜欢你的人，眼神里会充满了爱意，待你会很不相同，会很舍得为你付出，也会明确地告诉你自己的心意，说想要和你成为情侣。那份炽热的爱会十分明显，你也完全是可以感受到的。

而在这一切发生之前，既然你还不曾清楚地感受到，就抱持平常心，顺其自然一些，不必总是去妄自揣测别人，在意一些若有似无的情愫，不要什么都还没有发生就胡乱揣测，耗费了太多的心神。

坦然对待，相信自己的感觉，没有感受到一个人真真切切的喜欢，就暂时先当作不喜欢，没有那么喜欢。只管该干吗干吗，先好好打理自己的人生，把自己的日子经营好。

让时间来给你答案。

当爱情还没到来时，先做好自己

爱情，有早有晚。

有时候，当同龄人都在谈恋爱了，你可能还是孤身一人。大多数人的生命中，都会有这么一些难过的时刻，没有爱情，并没有谁爱自己。

单身，还没有遇到喜欢的人，一个人就一个人，那也并没有什么可怕的。与其想太多，不如在这段时间里先做好一些事，把自己的日子打理好。

偶然认识的一位朋友，她才二十四岁，但是她一直都十分注意自己的身体，健康饮食，坚持跑步，也坚持去健身房做一些训练，好长时间以来一直都是风雨无阻。

我曾调侃她，那么年轻何必这个样子。她说，即使年轻也有必要好好爱护自己的身体，保重自己那是对自己负责，也是为了当有一天遇见了一个不错的人时,自己能够和对方好好在一起,不会给对方添麻烦。

深以为然。

越是到了一定年纪,我们越会认识到,健康是非常重要的。有了健康,我们才会有心思去做一些别的事,比如去和一个人谈一场不错的恋爱。

而让自己保持健康,这也从来都并不是年纪大了才该有的意识,就应该从年轻时开始,从自己开始。疾病从来都不分年龄,趁早就养成好的习惯,注意饮食,多去户外,适当做一些运动,越有可能有着不错的身体素质。不然等到身体真的出现了问题才醒悟,往往悔之晚矣。

健康第一,在健康的基础上,她也总是很注意自己的形象。

在打扮这方面,她表示,就是想要让自己呈现出一个好的面貌。

对于打扮,可能有人会不以为意,觉得反正单身,根本就没有必要打扮,打扮了也没有人看。然而,好好收拾自己,未必是为了别人,更可以是为了自己。

当自己看起来还不错,比较有魅力的时候,自己会更喜欢自己,心情更好,也会更加容易收获不错的人际关系,邂逅一份爱情。

打扮从来都很有必要,我们的形象是最直观的名片。不一定非要穿奢侈的衣服和鞋子,背名牌包包,但是要注意自己的衣服搭配,穿出自己的气质,也让自己看起来干净清爽,比较有个人特色,有点好看。

还是这位朋友,她不仅在好好健身,好好打扮,甚至一直都在努力工作,把自己的时间安排得很充实,不断学习着,也在做着一些自己热爱的事。

我问她为什么那么拼,让自己那么忙,她则是表示因为经济基础很重要,自己喜欢那样的生活,也不想只是白白虚度了光阴。

很认同她的想法,一个人时,往往意味着我们有着大把属于自己的时间。与其把这些时间浪费了,不妨好好规划,让自己可以有更多的收入,收获满满。

越是有一定的物质基础,你也才越不必因为钱物而去选择谁,也不必因为钱物而放弃谁。有一天遇到了那个自己很喜欢的人,和对方谈恋爱的时候,你也才不会捉襟见肘,显得非常无力。

很多方面都需要很多花费,所有这些,未雨绸缪总是没错的。

至于提升自己,做些喜欢的事,更有必要。每个人其实都有一些自己一直很想做的事,比如旅行、学习跳舞、掌握一项技能。

那些喜欢的,想要学会的,一个人的时候也恰好可以无所顾忌,随意安排。

毕竟，等到有一天真的恋爱了，结婚了，顾着和对方在一起，顾着家里的事情，都已经够忙的了，你真的并没有太多的时间和精力还去顾及一些别的。

趁这段单身的时光，去活出自己的精彩，去给自己创造尽可能多的美好回忆。

好好感受这个世界，去疯、去闹、去闯，所有的经历，都会根植在你的脑海里，让你变得更加热爱这个世界，也更加热爱属于自己的生活。

以后，可能你再也没有了那样的心力，没有了那样的时间，遇上了不开心的事情，每当想起自己曾经有过这样的经历，有过这般的美好，你往往都会又多了几分力量。

我们看过的，读过的，学习过的，从来都不会白费，都会成为一种滋养，让我们变成更好的人，变得更加懂得如何去面对意外发生。

拥有过，快乐过，有属于自己的东西，那也会成为人生中非常美好的风景。

没有人恋爱时，不必想那么多，只管认真去生活。活出个样，让自己成为更好的自己。你是那么光彩夺目，闪闪发光，不管走到哪里，都不会被淹没。

那样的你也会被更多的人看好，拥有更多的机会，也可能遇到一个很不错的异性，得到一份自己比较满意的爱情。

我的这位朋友，后来在一次论坛中，她就结交到了一个不错的异性，两个人旗鼓相当，有了一段让人好生羡慕的感情，还一起创立了一个媒体工作室，事业也发展得很好。

不是她足够幸运，是她时刻都在准备着，是她真的很有魅力。

不管什么时候，做好自己，始终都是很重要的，也才是最好的资本。

一个人时，就把自己经营好；两个人时，就给对方一个优秀的自己。

Chapter 03

面对爱情,一定要主动

去爱吧，不要害怕

❀

很多人感觉自己不敢去爱。

身边一位朋友，二十五岁了还没有谈过恋爱，一直都是单身一人。平日的时候，她一直嚷嚷着自己很想谈恋爱，还各种让人给自己介绍，说如果有遇到，一定会好好去爱，然而当有人真的给她介绍了一个还不错的男生，她却胆怯了。

比起踏出那一步，很想要逃跑，找个理由拒绝对方，根本就没有勇气去尝试。一边渴望，一边又害怕。怕对方不是真心，怕自己处理不好，怕彼此并没有一个好的结果等。

还没有开始，就已经预设了无数种可能，而实际上，我们每个人其实真没有必要这样。想太多并没有用，只管去开始好了。

就像在做一件事情之前，还没有去做，自己就把自己劝退了。到了最后，我们确实不会经历失败，但是我们却也注定不会成功，只会一无所获。

人这一辈子，把自己封闭起来，将自己关在原地，完全不作为，这是不行的。要好好去做点什么，做些自己真正想做的事情，对于爱情，也应该好好去争取。

我的这位朋友，当我给了她一些鼓励，后来她也意识到了自己不能一直这样，当有人对她示好时，在本能地想要退缩时，她开始尝试着去了解。

尝试着和对方聊天，和对方约会，一番接触下来，对方对她的评价还不错，说她性格很温和，为人很善良，感觉挺好的。

渐渐地，她发现去和异性接触，去爱一个人似乎并不是那么难，就开始用心投入了。

何必想那么多，很多时候我们设想的那些不好的事，其实真的并不会发生，太多的事情究竟是怎样的过程和结局，也只有去尝试了才知道，仅仅想象，并不靠谱。

✤

既然真的很渴望爱情，想要拥有，与其因为害怕而退缩，让自己待在舒适区，不如多给自己打气。在遇见了不错的人时，让自己踏出第一步；在想要拒绝的时候，告诉自己再坚持一下；在满心害怕的时候，只管让自己去面对。

然后就顺着这样的思路，不断向前走。可能并不会那么容易，但是当你真的开始行动起来，你就会发现，一切并没有那么难。

你比自己想象中勇敢多了，爱情也并没有自己所认为的那么可怕。

可能，在这个过程中，的确有一些人并没有太多真心，比较虚情假意，不过是想要玩玩。但是却也有人和你一样，对感情比较看重，整个人都特别真诚。不轻易开始，一旦开始了，就会好好经营这段关系，朝着一辈子去，想要有一个好的结局。

会有很不错的人，很不错的爱情和婚姻，你没有必要一下子就否定了所有，不愿意给任何人机会，也不给自己一个机会。

怕什么呢，就算结果没有想得好，也会有收获。

我的那位朋友虽然没有处理好第一段恋爱，有时候有些用力过猛，有时候又有些过于冷淡，没有很好地把握分寸，两个人最后还是分开了。后来我问她是什么感觉，她说她觉得并不糟糕。

虽然有点遗憾，但是她发现通过这次恋情，她更加了解自己了，也变得更加勇敢了。

❀

爱一个人，最好是，爱一次就可以走进婚姻，就可以一生一世。你会有着这样的期待，这很好，尤其是当你还不曾真正爱过，一次感情经历都没有时。

然而，感情的事，就算起初的时候都是这样想的，都会有着这样的念头，走着走着一切却也可能还是会发生变化，彼此依旧还是会并没有一个以后。

你真的不必担心相爱了，却并没有一个好的结果，有时候当你用心爱过，当你们两个人都尽力了，就算还是没有办法一直走下去，那其实也并没有什么关系。那也是一种结局，在这个过程中，你必然也会学到一些什么，对方也会教会你一些什么。不去经历，很多的事情你始终都不会懂，总要爱过，你才会真的学会许多。

人生这条路，哪怕是感情，也从来都并没有白费的，每一步都会有意义，每一步也都算数。

好与不好，都是经历，而人这一生，其实就是去体验一些东西，去感受一些情感，然后在走过很多路，有了很多的体会过后，终于知道了自己想要什么，应该怎么样去生活。

去爱吧，不要害怕，不要踌躇，不要各种乱想。越早突破自己，让自己变得勇敢起来，你才能越早有所成长，也有所收获。

情况好一点，你会拥有一个不错的爱人，得偿所愿。就算情况不是那么好，当你去尝试了，你也会重获新生，知道这一切并没有想象中那么难，也并没有你所认为的那么可怕。

所谓的怕，在很多的时刻，其实根本就并不存在，你不过只是自己在给自己设限，是自己在吓自己。

"怕"不过就是只纸老虎，你不怕了，它就什么都不是了。

别后退，只管向前走，相信自己，你可以的，你做得到。

不要隐藏自己的感情

❀

  对一个人有好感的时候，有人会直接表达，毫不掩饰，有人却羞羞答答的，不仅不表达，还会直接隐藏起自己的真实感受。

  很想和对方聊天，可是对方找自己时，却也不会表现得有多热情；明明看见对方的时候很开心，却假装不在意，生怕对方发现了自己的小心思。

  很想靠近却又不会去靠近，很想和对方在一起，却又不知道该如何去表示。

  并不是自己有多么傲娇，只是真的不知道如何去相处；越想要得到反而越装作根本就不想要，只是一个人偷偷欢喜，也一个人独自落寞。

  隐藏自己的爱，对爱不够坦白，不是好事情。

  认识一位姑娘，她平时特别克制，明明她很喜欢自己的一个同事，经常会留心他的一些社交软件、他的朋友圈，一遍又一遍，每一个字都会非常认真地去看，每一张照片都会看好久，甚至自己的相册里，还偷偷存着对方的单人照。

明明那么喜欢，但是在同事面前，她却永远都是一副一点都不在乎的样子，怕对方发现了自己的喜欢，也怕身边的人看出来了她的爱意。

对待那位同事，她甚至比对别的人还要更加冷淡一些，有时候有人开他们的玩笑，把他们凑到一起，她也是矢口否认，还叫别人不要随意开这样的玩笑。

她总是一边冷淡，一边偷偷关注；一边否认，一边偷偷开心。

她本以为即使如此，只要对方足够喜欢她，也一定会发现她的心意，坚定地走向她，可是后来有一天，她喜欢的那位同事却和另外一位姑娘在一起了，两人还走进了婚姻。

爱情就是这样，并没有非谁不可。喜欢一个人，去争取了，彼此还会有可能；如果你总是一副并不喜欢的样子，那么即使对方有意，当感受不到回馈，也只会很快放弃。

每个人都很忙，很多事，很多感受，我们不去表达，别人真的就不会知道，会白白错失。

❀

爱一个人，不要隐藏自己的爱，适度主动去靠近，告诉对方自己的喜欢。喜欢的人靠近自己，也尽管好好回应，让对方感受到自己的热忱。坦然面对自己的喜欢，当有一天真的在一起了，也依旧还是不能懈怠，同样还是要多表达。

接触过一对夫妻，两个人谈恋爱的时候，一切都挺不错的，男人总是会送礼物，说一些情话，但是结婚以后，礼物少了，情话也少了，他只是每天忙着应酬，努力赚钱。

对比之下，女人就觉得很落寞，认为对方是不是不爱自己了，一直特别郁郁寡欢。

她开始疑神疑鬼，经常找对方的茬，还一直各种闹别扭。

好一阵子，两个人的关系都很不好，后来还是她老公察觉到不对劲，和她好好沟通了，说以为结婚了就没有必要了，自己和她结婚就是最大的诚意，况且自己好好赚钱都是为了这个家，钱也都放在一起，才将问题化解了，她整个人才慢慢调整好了状态。

我们总是觉得，喜欢一个人，对一个人热情，那只是恋爱之前的事情，关系稳定了，结婚后，就没有必要如此了，只需想着柴米油盐，平平淡淡去过。

可是如果我们从不表达，把那份爱意隐藏于心，两个人只是每天上班下班，回到家后就各玩各的，各忙各的，没有任何的交流，也没有任何的表示，久而久之生活难免就会显得乏味。

甚至说，相互之间真的就会有落差，还可能会怀疑这份爱，开始胡思乱想，心生嫌隙。

"喜欢"这件事情，不管什么时候，都需要说出来，需要做一些什么让对方感受到。并不是说彼此的关系到了一定的时候,已经尘埃落定了,有些事情就可以省略了。

还是普通关系时,都知道待对方好,当对方成了自己的另一半,其实更应该加倍珍惜,用心呵护。

懂得表达的两个人,彼此经常的一句爱意表达,给对方准备一份心意、带去一些温暖,给予对方一些关心,不仅可以化解相处中的心酸和委屈,还有助于增进感情,让彼此的内心更踏实,对这份关系也更加坚定。

从始至终,我们都要好好爱,好好表达。

不是等以后再说,而是要趁此刻,就现在。

面对爱情，一定要主动

❀

喜欢一个人到底要不要主动？

遇见了感觉不错的人，有的人直接就行动了，但也有的人，根本就不会去做点什么。

一心只想要等待着对方主动，还总觉得爱情不是追来的，而是吸引来的。

曾经一位同事，无论是外形、家境，还是能力、性格，各个方面都不错，无奈的是她性格比较内向，平时也很宅，所以当身边的人陆续结婚了，她始终还是单身。

不是没有人追她，只是她遇到不喜欢的，就直接拒绝了；也不是没有遇见有好感的，只是她不愿意主动，总觉得主动很难为情，踏不出那一步。

岁月中，每个人都有机会找到一个跟自己比较合拍的人，一个人各方面都不错，可能会拥有更多的机会。

但优秀并不等同于被爱,优秀和被爱,从来都是两码事。

感情是两个人的事,当你的好跟别人无关,并没有表达喜欢一个人的意思,别人也未必就会在意你、走向你。

成年人的世界,很多人确实会想找一个条件更好的,也会希望彼此是双向奔赴、被在乎的。但如果你不主动,对方并没有感觉到你的心意,就算条件好,也起不到什么作用。

❀

还认识一位朋友,她的条件并不算多好,普通家庭,普通学历,普通收入。对于爱情,起初的时候她也很被动。一路走来,她从来都不曾主动去争取过谁,只是想要从靠近自己的人中选择一个。

然而,主动来到她身边的,大多数都没有多少诚意,来得快离开得也快,偶尔有一个比较热情的,相处的感觉也并不好。

一晃就是好几年,她还是没有选到一个相对满意的。

看着眼下的处境,在某一刻她突然意识到,一直这样被动,可能永远都遇不到想要的爱情,为了打破这样的局面,几经思索,她开始变得主动了起来,主动留意身边的异性,也时刻准备着主动出击。

紧接着,当她发现合作公司的一位单身男士为人很诚信,性格很温和,对待工作认真负责,两个人相处起来很舒服时,虽然明知道对方家境比自己好,学历也要略高一筹,但是她并没有退缩,而是主动去争取。本来她只是想要试一试，没承想，还没有主动几次，两个人就双向奔赴了，对方说很喜欢她的性格，很享受和她待在一块儿的感觉，觉得她很好。

他们谈起了恋爱，还走进了婚姻。结婚以后，她的各个方面都比从前更好了，彼此相处得也很融洽。看着眼下的日子，她无比庆幸自己没有一直陷在被动的等待里，而是主动为自己争取了一把，拥有了这段让她颇为满意的关系。

为什么要主动？其实就是因为，主动靠近我们的人，终究是有限的，而且这些人也未必就会有多么合适、多么理想；而当我们主动一些，主动走近更多人，去追求自己感觉好的，很大概率上我们真的就会拥有一段更加不错的爱情，找到更加优质的另一半。

面对爱情，我们最好主动一点，没有遇见合适的人要主动去找，遇见了要主动去追，主动并不卑微，反而会显得我们很勇敢，让我们可以更好地掌控自己的人生。

我们不必担心如果是自己先主动，会被别人看轻，即使得到了别人也不会珍惜。其实，那个人会不会珍惜我们，会不会对我们好，并不在于是谁先主动的，而在于其为人。

我们也不必想着一个人如果喜欢自己，那就一定会主动靠近自己，别那么狭隘，遇到一个喜欢的人真的很不容易，既然我们觉得对方不错，那么又何必总想着一定要让对方先找自己，我们也可以主动一点。

不懂得主动,有些人往往很难遇见,有时遇见了也常常会错过。

别总想着如果对方主动,那么彼此就会有故事,也可以是自己主动,去让故事发生。

主动选择想要的人生,主动追求想要的爱情。

当你喜欢的人不喜欢你

❀

　　两相情愿，那是最好的喜欢。

　　不用谁过分主动，甚至都不用谁刻意挑明，自然而然地，两颗心就相互靠近，彼此能感受到对方的心意，也自然就走到了一起。

　　谁都想要这样的喜欢，可是这种喜欢终究是可遇不可求的。有时候纵使你再喜欢一个人，眼里全是深情，那个人也未必就能够看到你，愿意给你半点机会。

　　我的一位大学同学，他很喜欢另外一位同学，心动也就行动了。他对这位姑娘很好，经常帮她带早餐，时常给她占位置，知道姑娘喜欢看舞台剧就送她票，为她做了很多，但是姑娘始终是一副抗拒的姿态，并不愿意接受他，也总是拒绝他的好意，让他不必对自己好，别把心思花在自己的身上。

　　虽然姑娘不愿意走向他，但是他并不气馁，还是一直默默喜欢。他总觉得自己做得还不够好，还不够优秀，所以才不被接纳。

　　于是，他用心投入学业，一心让自己变得更好，想要等到自己更有能力了再去追求。

喜欢一个人,但凡自己真的很喜欢,都不愿意轻易放弃,即使对方的态度并没多好,往往也会想要再坚持一下,再争取一番,再想想办法。

好不容易才遇见了一个喜欢的人,当然不愿意就此错过。

如果你一直坚持,确实也有可能,有一天对方会被你感动,看到了你的好,然后答应你,和你好好谈恋爱,甚至可以有一个理想的结局。如果最后可以拥有,即使过程有点曲折,时间有一点晚,那也并没有什么关系。

但是也有可能,不管你怎么做,都没有什么用。

这位同学以优异的成绩毕业后,进入了一家不错的企业,当事业有了一些眉目,他又对姑娘表白了,奈何姑娘还是拒绝了他,反而和另外一个人谈起了恋爱。

事情到这里本来也就该结束了,但是他还是不死心,最后当姑娘分手了,他在那座城市买了房,又一次很认真地跟姑娘告白,结果依然被拒绝。

没过多久,姑娘和另外一个人结婚了,对方的家境和事业并不如他。

起初被拒绝,他觉得是因为自己不够好,所以他一心让自己变得更好,可是当他真的变得很好了,却也没有得到对方的喜欢,迎来想要的爱情。

他不明白事情为什么会这样。然而喜欢这种事，有时候就是没有什么道理可言的。

❈

如果一个人不喜欢你，不管你怎么做，不管你变得有多好，那都未必会有什么用，不喜欢还是不喜欢。对方并不会因为你有诚意，你很优秀，你付出了很多，就开始变得喜欢，反而只会觉得你实在是有些烦，打扰到了自己的生活。

如果你喜欢的人就是不喜欢你，看清真相的那一刻，不管再怎么喜欢，你最好也都不要再坚持了，就只管接受对方并不喜欢你的事实。

也许不是你不好，只是你并不是对方喜欢的类型，只是对方并不想要你给予的喜欢。

到了一定的年纪之后，我们会发现，自己并不是世界的中心，很多的事情也并不能完全符合自己的心意，自己并不能刚好拥有想要的一切。

一个人喜欢你也好，你喜欢一个人也好，感情的事很多时候是说不清的。

一个人喜欢你，你有可能刚好对对方有好感，也可能根本一点都不喜欢对方。你喜欢一个人，对方喜欢你，或者不喜欢你，都是非常寻常的。也就是说，彼此相互喜欢，是一件很正常的事情；单方面喜欢，同样也是一件很正常的事。

对于靠近你的人，你有选择的权利；你喜欢的人，对方也一样有选择的权利。

被喜欢还是不被喜欢，都不过是一种常态，因此当你的喜欢不被接受时，你真的不必总是想太多，接受现实就好。

喜欢一个人，对一个人主动，那是你的心意，你可以遵从自己的内心。而主动过后，不管对方是怎样的反应，你都不必苛责自己，坦然接受一切后果即可。

有的人，能够相遇，可以一起走一程，就已经很好了。

以前，全心全意喜欢那个人；以后，可以把这份喜欢再给别的人。

如果你喜欢的人不是单身，那就算了

❀

感情的事，最好是在恰好的时间，遇见一个恰好的人，但是很多时候，我们好不容易遇见一个喜欢的人时，对方已经不是单身了。

我们不知不觉就对一个已有另一半的人动了心。

一位读者，她喜欢上了一位同事。那位同事风度翩翩，口才特别好，待人也十分和善，他的一切都是那么吸引她，让她情不自禁地想要去靠近，很想要拥有。

她喜欢他，这并没有什么问题，然而当她一番打听下来却发现，那个男人已经结婚了，故而她就很矛盾。

既然对方已经有爱人了，相遇的时间晚了一点，我们可以觉得遗憾，可以觉得可惜，但是不管再怎么喜欢，也不要往对方的跟前凑了。

介入别人感情这种事，从来都是为人所不齿的，就算你不顾及别人

的眼光，不在乎别人的闲言碎语，至少你也要照顾下自己的感受，问一问自己的心。

你谈恋爱的时候，会痛恨那些介入的人，会不希望有人插足自己的感情，既然你明明看不起那种人，就不该放任自己去成为那种人。

固执地喜欢着一个并不是单身的人，那终究名不正言不顺。

好些时候，你的内心甚至还会因此而备受煎熬，觉得惶恐，觉得不安，觉得很难受。就算你能够克服这些感受，但是那个人也很大程度上给不了你想要的感情。

❀

身边一位同事，爱上一个男人，明知道对方有家室有孩子，但在对方的一声声会娶她的承诺下，她还是沦陷了。即使只能偷偷摸摸的，她也心甘情愿。

她一直深信那个男人所说的婚姻不幸福，觉得对方是真心爱她的，也总有一天会实现娶她的诺言。她还认为自己是因为爱，所图无他，所以自己的行为可以被原谅。

但是一年时间过去了，她没有等到对方娶她，而是等来了对方的老婆有了二胎的消息，那个男人的老婆还直接来公司找她算账，骂得很难听。

东窗事发后，那个男人站在自己老婆那边，把所有的过错都推在她的身上，将她说得很不堪，一心只想要挽回自己的家庭。

因为这件事，她失去了所谓的爱情，失去了工作，还失去了名声。

她终于意识到，介入者就是介入者，并不会因为自己单纯出于喜欢就有什么不同，也才终于明白了，对方根本就不爱她，曾经的自己是多么天真。

喜欢上一个不是单身的人，对方也给予了回应，你以为那是爱情，很多时候都只是你一厢情愿而已。大多数人不过是贪图新鲜感，根本就不会愿意真的放弃自己身边那个人。

一个真的很靠谱的人，根本就不会随便放任自己，辜负自己的婚姻。如果一个人背着自己的另一半去迎合你，接受你的感情，和你开始一段不正当的关系，那也就说明了，那个人并不是一个多么靠谱的人。

既然此刻对方可以背叛自己的另一半，以后也可能会背叛你。

和一个单身的人在一起，彼此之间是情侣，是爱人，而和一个不是单身的人在一起，你不过只是一个让人看不起的介入者，没有任何的身份。

即使再喜欢一个人，你也永远不该委屈自己，让自己陷入那样的处境。真正值得的人，不会舍得让你当第三者，而一个让你当第三者的人，根本就并不值得你如此。

喜欢一个人，不论身高、年龄、距离，只要你真的喜欢，都可以去爱。在爱情面前，年龄不是问题，身高不是差距，距离也并没有那么大关系。

你可以去爱一个你真心喜欢的人，但是前提条件一定要是，你是单身，对方也是。

单身，没有结婚，没有对象的人，你可以肆意去爱，和对方说未来；早已经有了对象，甚至都已经结婚的人，即使再喜欢，你也一定要懂得和对方保持距离，守住界限。

不要去喜欢一个不是单身的人，会受伤，会痛苦，会不幸。

已经喜欢上了，也务必要及时收回自己的感情，然后将这份感情封存。

既然相遇的时间不对，那就祝对方幸福。

你也只管重新出发，去找到真正属于自己的以后。

告白很有必要

❧

告白重要吗？

一位男性朋友，他这一段时间和一个姑娘走得很近，两个人经常一起吃饭，一起看电影，每天都会分享彼此的事情，偶尔还会说一些暧昧的话语，一切就像恋爱那般。

他心想着这就是恋爱了，姑娘也一定会这样认为，可是有一次他问姑娘彼此是什么关系时，姑娘却只是说，他们只是朋友，毕竟他从来都不曾表白过。

听到姑娘这样说，他比较生气，觉得姑娘揣着明白装糊涂，实在是有些过分。

在恋爱中，很多人大概都像这位朋友一样，认为爱情应该是自然而然的事，不用告白。认为自己一直主动，两个人一直约会，彼此还有着一些亲密接触，那就是最好的证明。

朋友的想法并没有什么问题，只是太多时候，即使看起来是在谈恋爱，也同样需要告白，将关系确定下来。

有些事情，我们以为即使不说，对方也应当明白，和自己心照不宣。不存在的！人心复杂，有时候对方在想些什么，我们根本就不清楚，我们在想些什么，不说出来对方真的也不会明白。

当我们不挑明喜欢对方，想和对方谈恋爱，那么有时候，我们的某一些行为可能会让对方有这样的感觉，但是还有一些时候，对方还是会很怀疑，并没有办法相信自己正在被爱，也并没有办法觉得很踏实。

不曾告白的情形下，就算对方好似喜欢我们，事实也未必如此，我们只会容易胡思乱想，患得患失，始终都并不是那么确信。

哪怕彼此之间像极了爱情，没有一场郑重其事的告白，没有相互确认彼此的心意，往往都很难算数，也很难让人安心。

❀

认识一位姑娘，在一段时间里，她身边的一个男人跟她像恋人一般相处着。时常对她说着一些暧昧的话，还经常都会约她一起吃饭看电影，有时候还牵她的手，拥抱她。男人的态度让她有了一种自己就是他的女朋友，彼此是情侣的感觉。

就在她沉浸在爱情中不能自拔，憧憬着以后时，突然有一天男人开始冷落她，不怎么搭理她了，开始和另一个姑娘走得很近。

她很生气，去找男人理论，问对方究竟是什么意思。男人却说他们不过是朋友，她没有理由生气，毕竟对方从来都没有承诺过她什么，不过是她自己自作多情。

后来姑娘回过头细想，确实，对方从未跟她告白，她也从未说明。

在一段关系中，彼此都能真心相待，没有任何别的心思，自然而然走在一起，这当然很好，但是怕就怕一方是一片真心，另一方只是想暧昧一下。

真的就有那样的人。一个人跟你说着各种情话，做着情侣才会做的事情，享受着你所有的好，心安理得接受着你的付出，却从来不曾真的把你当恋人。

没有挑明的关系中，不用任何理由，谁都可以先走。

对方真的就可能心不定，还会继续考虑着别的人，我们也有可能心不定，随时都可能选择撤退，然后再去别人的身边。反正也没有确认过，都可以有别的选择。

为了避免这样的情况发生，告白真的很有必要。

当一方告白了，另一方接受了告白，彼此之间就有了一份契约，一份责任，不该再去和别的异性太亲近，不可以心猿意马，左顾右盼，也不可以随便毁约。

告白后，恋爱也才算真正开始了，彼此才有权利吃醋，有底气去质问对方，有身份去管着彼此。即使有一天一方要离开，也需要先负起责任，给对方一个交代。

爱情是从告白开始的。如果真的喜欢，那么记得一定要先有那么一场告白。

可以好好计划一个地点，好好准备一些话，然后开启一场很浪漫的告白。也可以某一刻气氛到了，直接说出那句喜欢，让彼此成为男女朋友，真的在一起。

把话说明白了，没有任何的顾虑，彼此再好好相爱，认真过好现在，也好好计划未来。

过去的感情史并没那么重要

男女之间，对于对方的过去，多多少少都会有一些好奇。

想要知道对方曾经的感情史，想要从这个方面来了解对方是一个怎样的人，想要通过对方的说法，来证明自己才是最特别的那一个，是对方最为看重的。

对于过去，不曾谈过，不曾爱过，是一张白纸，这固然很好；要是喜欢过别人，有过感情经历，也没有什么关系，很多人都有过去。

两人真的都是彼此的初恋，还走进了婚姻的，向来是少数。更多的人是不断在找寻着，在遇见着，在尝试着。当我们爱过，有一天又有了新的遇见，关于过去我们当然不该一味隐瞒，对方是有知情权的，我们有必要适当告知一下。

身边一位邻居，在离婚后认识了一个姑娘，这个姑娘很单纯，他也很喜欢。

为了能够让感情顺利一些，他刻意隐瞒了自己结过婚，还有一个孩子在老家的事实,想要等到结婚以后再说,那时候一切成了定局,认为姑娘也会慢慢接受。

他想得很好,为了达成自己的目的,一心想要赶紧将婚事落实。

可能是催得太厉害了,姑娘总觉得有些不太对劲,后来有一天,姑娘不经意间翻看他的手机,看到了他前妻和孩子的照片,才明白了事情的真相。

姑娘无法接受欺骗,总觉得如果在这件事上对方都骗自己,那么在别的事情上大概也并不值得信任,于是虽然挺喜欢他的,但还是选择了分手。

欺瞒过去从来都不明智。毕竟根本就瞒不住。一旦被发现,还只会破坏彼此之间的信任,让感情瞬间崩塌。

有些事,刻意隐瞒,和说出来让对方做决定,结果可能截然不同。

所以,当对方问起过往,有没有婚史,谈过几次,发没发生过关系,是否有过孩子,以及关于身体的一些病史,这些都是有必要说明一下的。

都告知一下,相互都能够接纳,那就在一起;不能接纳,也不必勉强。每个人都是可以有选择的,也都该选择一个真的能够接纳彼此的人,然后不问过往,只是好好珍惜当下。

只不过,说明过往感情史的时候最好笼统一些,对于细节,最好暂不要提到太多。

❀

　　曾经遇到过一个男性读者，他刚刚和女朋友在一起时，感觉特别好，虽然知道对方有过恋爱史，同居过，也并不在意，他是真的很喜欢女朋友，认为能够在一起，比什么都重要。

　　后来有一次，当他们不经意谈起过往，他又问起对方一些细节时，他的女朋友本来不想再提及这些，但是他表示说自己并没有什么别的意思，就只是单纯地想要知道一下，就当是闲聊了。

　　在他的再三保证下，他的女朋友也没有想那么多，想着那些事都已经过去了，男朋友既然那么爱她，应该也不会介意，于是就将自己记得的全部都说了出来，还说得很详细，包括两个人怎么约会，怎么相处，怎么亲密接触等。

　　他本以为无所谓的，但是听完之后，整个人都不好了。总感觉有了画面感，也不自觉地就会将自己和对方的前任对比。还觉得女朋友记得那么清楚，是不是还不曾彻底忘记，还在怀念曾经。

　　想要知道的是他，结果耿耿于怀的也是他。

　　好长一段时间，他心里都特别别扭，还非常有心结，时不时地就会想起，还会忍不住对他的女朋友发脾气，开始质疑对方的感情。

有些事，点到即止，稍微知道一点，并没有太大的关系，知道了太多的细节，就没有办法不当回事，还总会觉得很膈应。

人都有胜负欲，都会想要完全拥有自己的爱人。为了保护彼此的关系，要坦诚，但是也要注意分寸。该告诉的告诉，不该说的坚决不要说。

还是要守好自己心中的边界。不要去挑战对方的底线，也不要让第三个人横在彼此之间。

谈恋爱之前要把话说清楚，恋爱之后则是要学会翻篇。前尘往事全部都放下，努力把当下的日子过好，去创造属于彼此的回忆。

有过去没关系，既然决定了在一起，就只管让那些过去，全部都彻底放下。

Chapter 04

别着急,只管慢一点相爱

最好的喜欢方式叫真诚

❀

有句话说，自古真情留不住，唯有套路得人心。

这样的说法并不正确，但总有人深信不疑，与人相处时常会耍心机，哪怕是在喜欢一个人的时候，也总是喜欢去玩一些套路，用一些手段。

一位读者，在一次聚会中，他遇见了一个比较喜欢的姑娘。

因为是第一次喜欢一个人，所以他实在不知道该怎么做，就去请教很多人，最后他相信了一种方法，就是刚开始热情点，后来渐渐冷淡，然后再热情，再冷淡。

按照这样的做法，在最开始的那段时间，他明显地感受到对方对他也是有好感的，就在一切向着不错的方向发展时，他开始很久才回消息，总是玩消失。

反反复复好几次过后，对方明显冷淡下来。在又一次他不回复消息过后，他不仅没等到对他牵肠挂肚，直接向他告白，反而被对方删除和拉黑了。

他说不明白自己究竟错在了哪里，明明有人跟他说欲擒故纵、忽冷忽热会很有用，会让对方将心思放在自己的身上，然而会相信这种说法，本来就是一种错，这根本就不应该。

这个时代，每个人都很忙，也相对独立，对于爱情一边憧憬，一边也会特别小心，只希望能够碰到一份真挚的爱，而并不是从一开始就各种不对劲。

尤其是对于一些已经有了一定阅历的异性，对方本来就已经见识过了很多，不喜欢虚情假意、似是而非，当我们用套路，那真的就只会适得其反。

你可能想用一些手段，做出一些相反的行为，让对方感受到落差，变得更想要靠近你，对你更上心，但是在对方看来，感受不到喜欢，心里觉得不踏实，也就没有再相处的必要了。

谁都不想花那么多的时间去猜，也不愿意让自己的心情七上八下、忐忑不安，既然没有感受到最起码的诚意，真的就会选择退步，直接把心门关起来。

结果，好不容易才遇到一个比较喜欢的人，你却只会轻易地把对方弄丢。

❀

说完这位读者，我想起了身边的一位同事。

她长得很漂亮，身高一米六五的样子，而她的男朋友不仅比她矮，还挺胖的，长相也一般，整个人看起来比普通人还要差那么一些。

所有人对她男朋友的第一印象都不是太好，也都不明白她为什么就选择了这样一个人。

后来听说他们两个人本来就是同学，从大学开始对方就对她很好。起初的时候，对于这份好她其实也并没有什么感觉，但是随着大学毕业，当对方在她找工作失意的时候一直陪伴着她，为她打气，在她生病的时候忙前忙后，各种照顾她，在她需要的时候，总是会一直都在那里，渐渐地她还是接受了这份感情。

我跟她一起共事的那段日子里，她男朋友为她做的便当总是很丰盛，各种搭配，还时常给她准备各种健康零食，基本上她男朋友每天都会打电话过来关心她，下雨的时候还会来接她，打着伞到楼里面来接，生怕她淋了一点雨。

那时他们还只是男女朋友，现在早已经结婚了，孩子已经好几岁了。

他们看起来很不般配，但是她还是喜欢上了对方的诚心诚意。

喜欢一个人，从来都不需要那么多的弯弯绕绕，也不需要什么不错的手段，最好的方式莫过于真诚一点，主动一点，多用心一点。

尽量一直保持热情，尽量每次都好好回复消息，尽量去对那个人好。去靠近对方，让对方变得更加了解你，拿出自己的全部诚意，让对方感受到自己的心意。

不管时代如何变化，每个人想要的从来都没有什么不同：不是多么华而不实的东西，而是一份真挚的感情，一颗真真切切的心。

年纪越大，人们越会想要一份简单的感情，越是没有心思去和谁各种拉扯。

如果喜欢，就别用任何的套路，最打动人心的从来都不是那些一时好听的话、那些故意的冷落，而是一如既往的关心和落到实处的行动。

带着满满的诚意而来，也用最真诚的方式去爱。

谈恋爱，过日子，真诚永远最难得，也是一个人最渴望拥有的。成年人的世界，愿意拿出自己的真心，自己的各方面的条件对方又恰好觉得可以接受，一般说来，追求的效果往往会很不错，这段关系会比较和谐。

做人，最好的底牌是真诚，喜欢一个人，最好的方式也永远都是真诚。

成为一个真诚的人，用真诚去爱一个人，虽然并不是每一次的真诚

都能够被善待、能够收获想要的结果,可是当你一直如此,就一定能够换来另外一份真诚,那时候,你就会收获一份比较不错的感情。

靠真诚走出来的路、赢来的感情,会更加坚韧,更加经得起风雨。

别着急，只管慢一点相爱

❀

寻找人生伴侣，对每个人而言，都是一件大事。

关系到的不仅仅是以后和谁一起过，更是余生的生活质量。

明明是一件这么重要的事，不少人却总是特别着急。彼此才刚刚交换了联系方式，见了一面，都还没有来得及了解对方的过往和对未来有着怎样的期望，就已经说喜欢，甚至说结婚。

身边一位朋友，她就遇上了这样的情况，对方急不可耐，第一次见面就一副很想要跟她亲近的样子，还一下子就想要和她将恋爱关系确认下来，将该发生的都发生。她稍微迟疑了一下，说希望可以慢慢来，对方就直接消失了，再也没有找过她，甚至还删除了她。

虽然不过是一面之交，失去了也并没有什么大不了，但是她还是有了一种不太好的感觉，怀疑自己是不是做错了，还担心这样的自己会无法进入一段关系，只会一直与爱情失之交臂。

快一点在一起，快一点开始一段恋情，不知从什么时候开始，不少的人都崇尚着这样的方式，懒得去和一个人慢慢来，懒得花时间去了解一个人，从某种意义上来说，这可能确实可以让我们很快拥有一段爱，然而，这样的爱来得快，只怕走得也快。

❀

　　一位读者在一次聚会中认识了一个男人，当时对方刚好坐在她的旁边，还主动加她为好友。成为好友后，对方很快就找她聊天了，第一次聊天就各种夸她，对她说着各种好听的情话，说觉得她长得很耐看，感觉她性格很好，说在她的身上有着一种十分独特的气质，跟别人完全不一样，自己很喜欢。

　　对方总是说着一些很甜腻的话，虽然她觉得有些唐突，总感觉似乎不太对劲，但还是忍不住去相信了。两个人就这样聊了几天，对方直接约了她见面。

　　第一次约会，对方就亲了她，还说希望可以和她成为男女朋友，她有点蒙，觉得太快了，表示接受不了，那个男人说彼此年纪都不小了，不想浪费时间和精力去谈没有结果的恋爱，她要是不愿意就算了，不必再继续。听到对方这样说，她妥协了，还觉得是自己错了。

　　很快他们又见了第二次，对方直接带她去了酒店，当她说想再等一等，男人又不高兴了，说自己是想要和她结婚的，非常有诚意。

看对方一脸认真,她又选择了妥协。

就那样过了差不多一个月,那个男人直接跟她提了分手,说不想耽误她。

她以为那是自己想要的爱情,对方会带她走到终点,结果对方却不过是一个过客,只想要短暂地和她在一起。

至于对方曾经的各种说法,以及各种许诺,根本就当不得真,不过就是为了让自己可以速战速决,能够赶紧达成目的,而使用的一种手段罢了。

这个世界上,并不是所有人都有着一颗真心,总有那么一些人,对待感情的态度比较随意,不过就只是想要玩一玩。

我们可以对这样的人嗤之以鼻,不要成为那个样子,但是最起码的,我们也要懂得分辨,让自己不要栽在这样的人手上,让痴心错付。

对待感情很不认真,没有想过有以后,只想要消遣一下的人,根本就不会有什么耐心,一旦你比较有原则,有着自己的坚持,对方根本就不会尊重你的节奏,只会赶紧撤退。

没关系,失去这样的人并没有什么可惜的,你也不必担心自己慢慢爱就会错过比较不错的人。真心喜欢你,对你比较有诚意,会对未来负责的人,并不会因此而离开你,对方只会和你一样,很乐意慢一点,也会想要先接触一段时间,先让彼此有了足够的了解再说。

因为对方也很明白，看清一个人并没有那么简单，彼此到底是否适合，也需要时间来验证。

好的关系，不必急于一时，你们有着长长的一辈子。

我的这位朋友，当时她虽然有些怀疑自己，但是很快又释然了，并不觉得自己慢一点有什么问题，后来也一直都不曾和谁开始一段快餐式恋情。

在她的身边，不少的人出现了，然后又走了，她并不以为意，直到后来有一天，她遇到了一个很聊得来的人，两个人先来往了一段时间，都觉得对方很不错，然后自然而然地走在了一起，成了恋人。

她的坚持并没有让她错失爱情，反而让她得到了想要的，一份很不错的感情。

在那一刻，她很庆幸自己不曾妥协，不曾慌乱。

谈恋爱，还是要慢慢来。在认识过后先经常见见面、聊聊天，一起去经历一些什么，去看看各自有哪些优点，也看看各自身上有着什么不足，等真的看清楚了，时机足够成熟了，依然还愿意选择对方，站在对方的身边，再去说以后。

不必太早许诺，太多承诺只会显得很苍白。

能够一切进展顺利，即使没有诺言，彼此也会有一个不错的结局。

时间从不言语，却真的能见证一切，也能验证一切。

而在这流逝的时间里，我们真的没有必要那么着急，一下子就想要一个结果，非要赶紧抓住一个人。只管守好自己的心，遵循自己的节奏，然后静待着某一天和那个对的人迎面相逢，慢慢相爱。

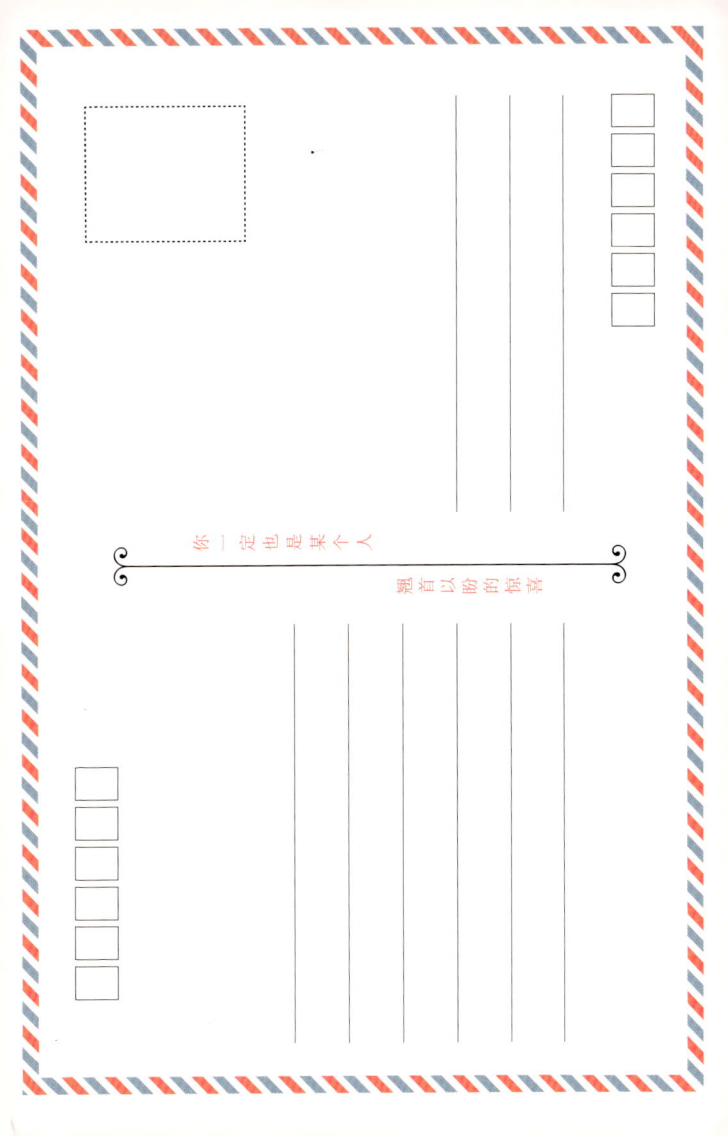

你一定也是某个人遇言以的的惊喜

自然舒服地走进对方的世界,谈一场恰到好处的恋爱。

当然要全力以赴去爱

❀

对于爱情,我们总是有着太多的疑问。

究竟该去爱一个怎样的人,又或者是,在喜欢一个人的时候,又究竟该如何去爱。

是该有所保留,为自己留有余地,免得自己受伤,还是说,既然爱了,就该全身心投入,完全跟随自己的内心,不想那么多。

身边一位朋友,在这个问题上就比较纠结。比起用尽全力,他更加倾向于保留自己。遇到喜欢的人,他也会去靠近,但是就只会稍微尝试一下子,并不会太用心,和一个人交往了,他也会拿出自己的真心,但是始终都会注意着分寸,顾及着自己的利益。

他一直都爱得比较小心翼翼,所以也并没有真的和谁有一个结果。

有两个姑娘跟他分手的时候都问了他同一句话,问他是不是根本就不爱,既然不爱,又何必要开始,浪费彼此的时间。

本来，他以为不拿出全部的自己很明智，那是在保护自己，结果他确实没有受到伤害，却也根本就没有得到一份想要的爱情。

男女之间，总会有一段时间的观察期，在这个阶段彼此相互了解，也相互看一看对方有没有诚意。

这时候，要是自己还挺喜欢对方的，真的就不该总是各种收着，一点都不愿意付出。

如果心里觉得喜欢，但我们的行为只是很随意，并不是那么主动，也根本就不是那么真心，对对方只是若即若离的态度，那么对方可能真的就会想着算了。

一个人对我们是否用心，我们可以感受到；我们是否有诚意，对方也是会有感觉的。感受不到我们的诚意，对方就不会有多想要走向我们，只会干脆选择放弃。

到了那一天，我们可能会觉得，还好自己没有投入太多，不然就浪费了，然而，如果自己在最开始时全情投入，可能就不是这个结果了，说不定一切早就已经遂了自己的愿。

犹犹豫豫，畏首畏尾，大都只会失去对方，事情只会向着不好的方向发展。

只有我们全心全意，拿出真诚的自己，一副就是想要和对方谈恋爱，就是愿意奔着对方去的模样，对方才敢相信我们的爱，才敢没有什么顾虑，直接来到我们的身边。

如果真的喜欢，真的就不必想那么多，全心全意，这并没有什么不好。感情这件事，从来都需要真心换真心，容不得任何的投机取巧，过于保留自己。

可能有人会说，自己那么用力，未必就会有一个好的结果。
确实，尽心尽力也还是可能会并不如愿。

❀

曾经的一位校友，在大学期间他就一直喜欢一个姑娘，奈何姑娘并不喜欢他，不过这并没有让他放弃，哪怕是毕业了，也一直都还在好好对待对方。

帮助对方找房子，为对方找工作，经常为对方买一些零食，可以说，除了自己的生活，他将自己别的精力和钱全都花在了这个姑娘的身上。

或许是出于感动，姑娘后来答应和他在一起了，为此他开心了好久。只是在一起后没多久，虽然他足够用心，姑娘还是提出了分手，说自己努力了，实在是没有办法喜欢上他。

两个人就那样和平分手了。

对于这段关系，我问他后不后悔，他说，并没有什么好后悔的，反而他很庆幸自己尽全力去尝试了，因为真的很努力了，所以哪怕结果不好，自己也可以接受，而要是自己不曾努力，大概才会觉得很遗憾，会一直后悔自己的不作为。

投入很多去追求一个人，想和一个人在一起，虽然胜算更大，但那也未必会有一个多好的结局，自己还是可能会得不到，结果还是可能会分离。

但是啊，至少我们好好体会了那一个过程，在那个过程中我们品尝过那种炙热的深情。

如果从一开始我们就一直想着不好的结果，然后根本就豁不出去，那么终其一生，我们大概只会一直波澜不惊，岁月也只会是比较乏味和无趣。

那样的我们，随着年华渐老，回首过往，真的就会觉得很没有意思。

这一生，即使没有爱情，没有很上头地去爱过一个人，也同样可以是一生，但是，那样的一生终究会让我们觉得有所缺失，仿佛少了点什么。

用心去爱，若是结果是自己想要的，那固然可喜，就算没有以后，当时挺痛苦的，在时间的长河里，我们也终将会释怀，也会庆幸自己也曾年轻过，任性过，为爱奋不顾身，有滋有味地活过。

没有辜负那一场喜欢，也没有辜负这一场青春。

爱对了，是爱情；爱错了，体会过，执着过，也就足够了。

谈恋爱不能只是吃喝玩乐

❈

恋爱,是一件很美好的事情。

和喜欢的人在一起,再普通的日子也总是会显得很不同,仿佛一切都是那么耀眼。

不是日子本身有什么特别,而是自己自动地就会为身边的一切加上一层滤镜。因为自己很开心,所以自己所看到的、听到的、正在经历的,也都开始有了不一样的色彩,变得五彩斑斓。

那一刻,那段时间,爱对方,也爱众生,爱自己走过的街道,也爱阳光雨露。

每一个遇见爱情的人,都会有着那么一段岁月,心情莫名地好,也会和对方一起做很多事,一起品尝各种美食,一起去尝试各种新鲜的事物,一起去看电影,一起去看最美丽的风景。

一位读者,恋爱后,她和男朋友去了很多不错的餐厅,玩遍了各个游乐场,每周都会一起欣赏一部影片,还去城市周边玩了好几次，整个过程完全超出她的预期，她有了很多不一样的体验，也比任何时候都活得更加痛快肆意。

也正是因为恋爱的感觉太美好，和对方在一起是那么快乐，她很快就认定了对方，答应了对方的求婚，两个人正式结婚了。本以为婚后的日子也会很棒，会将这份甜蜜一直延续，但是他们却相处得一点都不愉快。

她一直觉得家是两个人的，彼此应该共同分担家务，但是对方总是觉得那都是她的事，觉得自己父母就是这样的相处模式，他们也该这样，她想要等一等再要孩子，只想要生一个，对方却不断逼迫她，让她赶紧要，还务必要生两个，一定要有一个是男孩。

为此，他们经常争吵，但始终没有达成一个共识。

这让她不由得有了一种怀疑，觉得自己当初不过只是谈了一场假恋爱，自己根本就不了解对方，对方对自己而言，似乎是非常陌生的存在。

其实，和一个人谈恋爱，经常相约见面，和对方一起做些什么，共同去创造一些美好的回忆，那是很有必要的。没有陪伴，的确就很难有什么情感。生活从来都并不容易，而恋爱中的那些疯狂和甜蜜，也会是生活中最好的调味剂。

彼此可以经常一起吃喝玩乐，一起风花雪月，但是恋爱也不该仅仅只是如此，还应该更深层次一些。在一起做些什么的同时，更要好好去谈论，去交流，在思想上有着一些碰撞。

❀

见过一对相处得很好的夫妻，结婚以后他们分工明确，在很多方面也都并没有太大的分歧，仿佛对方所认为的，恰好就是自己所想的。

不是他们真的就这么有默契，而是在恋爱的时候，他们早就将一切都聊清楚了。

据他们所说，当初恋爱时，他们时不时地会交换各自对很多事情的看法，像是会探讨一部电影的主题，像是对当下正在发生的事情表达各自的意见，像是会交流看同一本书的心得。

在这些基础上，谈到婚姻他们更是谈了各自对未来的期待，想要怎样的婚姻生活，各自的财务状态，以后如何分配钱，有着怎样的生活习惯，如何分配家务，怎样处理和双方父母的关系，什么时候要孩子，孩子的数量，等等，也都好好谈了，并达成了一致。

都谈清楚了，也是在按照说好的来，这才避免了很多的矛盾，达成了一种比较理想的状态。

真正的谈恋爱，其实就该是这样，会一起经历一些浪漫，更会时常有很多比较深入的交谈，谈那些看起来并不是那么轻松的话题。表面上来看，谈论那些似乎有点为时过早，这仿佛也是在给恋爱添堵，很容易让彼此变得不愉快。实则，那不过是为了可以更清楚地了解对方，为了以后可以省去不少的麻烦。

我们大多时候并没有办法拥有一个想象中的对方。一切都清清楚楚的情况下，选择一个志同道合，和自己比较契合，各方面能够相融的人，才更容易收获一段比较高质量的关系。

人生一辈子，一些固有的认知和习惯，那是很难打破和改变的，最好就是，从一开始彼此就是一路人，真的能够合得来，可以相互包容和相互理解。

最初的时候把很多事情谈清楚，了解对方的方方面面，不只是看到对方好的一面，而是透过现象看到了本质，走进了对方的内心，看清对方最真实的样子，是不是自己所期待、能接纳的，然后和对方走进婚姻，这段关系才可以很好地进入状态，彼此之间，大概率也不至于会出现什么大的问题。

不然，如果只顾着享受表面的好，各种浓情蜜语，从来都不曾透过一个人的外在去了解对方的内在，那么就算刚开始看起来很甜蜜，待华丽的外衣褪去时，只怕也很难相处得有多好。

甚至说，即使费了很多的力气，也依旧还是徒劳无益，始终会有着很大的落差，还有着一种选错了、太难了的感觉。

恋爱不能只是贪图新鲜感

❀

两个人刚在一起的时候，一切都总是会那么新鲜。

发现对方和自己有着某种共同的爱好，会觉得很欣喜，很满足。了解到对方有着某一方面的才能，会忍不住各种夸赞，真心觉得对方很了不起。知道对方喜欢吃什么，不喜欢吃什么，也总是会默默记在心里，以后多加注意。

那时，总是恨不得时时刻刻都和对方待在一起，在一些小细节中会照顾着对方的感受，看向对方的时候，眼里也总是充满了光芒，是那么喜欢和欣赏。

不知不觉，会和对方有很多的第一次。第一次约会，第一次一起看电影，第一次一起喝同一杯饮料，第一次牵手，等等，会是一段十分迷人的时光。

身边一位朋友，和女朋友刚在一起的时候，就是这种感觉，认为对方的一举一动都是那么动人，自己是那么着迷，每多了解对方一点，他的爱意就深刻一些。

差不多六个月时间，他都对这段恋爱充满了激情，一直都在全情投入。

他特别喜欢这种感觉,也一直都觉得这种感觉会一直持续,然而渐渐地,随着认识的时间久了,他对女朋友了解得差不多了,很多事也都一起经历过了,他突然有些提不起劲来了。

觉得对方没有那么吸引人了,反而身上有不少的毛病,心里也开始有了一些厌倦,不再想要去探索对方的一些事,反而开始对别的异性变得更加殷勤。

不知不觉,他就有了一种想要逃离的感觉,认为自己大概最开始时是被冲昏了头,冷静下来才发现原来对方并不怎么样,可能根本就不是对的人。

恋爱中,初见时我们总是会觉得很新鲜,对对方充满了好奇,喜欢对方喜欢得不得了,只不过,那样的感觉并没有维持太久,很快我们就会看清对方,完全了解对方。

再喜欢吃的食物,吃得多了也只会觉得很一般。再喜欢的衣服,穿久了就会变得不想再穿了。再喜欢一个人,一旦时间久了,那份喜欢也都会开始变淡。

很多东西都是有保质期的,新鲜感也是。

这是人之常情,我们可以不再觉得新鲜,但是我们最好不要没有了新鲜感就想着算了。

这位朋友,当新鲜感不再时,他开始怠慢女朋友,对对方不再上心，两个人也终于还是回归了陌生，对此他并不以为然，觉得并没有什么关系，反正感情已经淡了。

后来他又遇到另一个让他很心动的人，接下来他又有了一段很快乐的日子。本以为这次自己会一直对对方感兴趣，但是激情期依旧没有持续多久。

依然是差不多半年时间后，他就不再觉得对方有多么好了，开始发现对方的很多缺点，开始觉得对方也并没有那么好，和对方在一起也同样挺无趣的。

比起刚开始时总是想要见面，总是会思念，总是会很心动，慢慢地，即使见到了，内心也并不会有太大的起伏，即使拥抱了，也并不会再觉得有多激动。彼此之间有的也不再是轰轰烈烈的喜欢，剩下的只是平平淡淡。

重复着相同的际遇，他突然就有些慌了，不知道该如何是好。

❀

感情总是这样的循环往复。刚刚和一个人在一起，我们只会看到对方身上的闪光点，觉得对方是那么有魅力，又是那么吸引自己。但是在一起的时间长了，不管是多么好看、有才、有能力的人，我们其实也都会看到对方很多的不足。

会发现对方原来也不过很普通，并不如自己想象中那么完美。接触的时间越久，就越是不会再觉得稀奇，只会越来越觉得一切是那么稀松平常，连那份喜欢也会变得迟钝。

其实，不管和谁在一起，这个过程都是一样的，最终都会变成这个样子。

而这一切，看似是爱情消失了，其实不过是爱情转化了，回归到了生活本身，没有那么多轰轰烈烈，只是充斥着柴米油盐的岁月。

生命的不同阶段，每个人需要面对的事情不一样，感情的不同阶段，彼此相处的方式也一样会有所不同。而当有一天爱不如当初浓烈，激情过后，真正的日子其实才刚刚开始。

爱情不是一时的新鲜，而是细水长流。在一段时间的激情过后，相互去适应这个阶段的对方，将爱情转化为更深的连接，也将这段关系好好维持下去。

每一段感情，都会有这么一个时期。不懂处理，我们很难和谁有一个结果。也只有顺利跨越这个时期，从怀疑到确定，从想要放手到依旧愿意和对方一起走下去，从有些厌倦到和对方一起去创造别的新鲜，我们才有可能和对方来到共存期，收获一段比较长久的关系，和一个人真的走进婚姻，组建一个家庭。

和同一个人，去经历不同的事，经营好平凡的日子，让彼此可以一直幸福下去，而不是总是和不同的人去经历相同的过程，最后还是只有自己一个人。

人生，平凡才是真相；恋爱，平淡也才是答案。

不要总是去试探和考验对方

❀

总有人喜欢去怀疑对方的感情,喜欢去考验对方。

因为怕自己遇见的人并不是那么靠谱,担心自己爱上的那个人并不是真的爱自己,或者说,对于眼下的这份感情并不是那么信任。

于是,会想出各种方法去试探对方,看看对方能不能过关。仿佛只有对方过关了,自己才能够比较放心,才会觉得对方是自己要找的那个人。

在这个过程中,既盼望着对方能够经受得住,又总是担心对方完全受不住。整个人时常特别煎熬,也特别矛盾。

考验一个人,看起来是一件很有必要的事,毕竟感情是一辈子的事,那关系到自己往后的人生;而实际上,这真的挺不好的。

一位姑娘,第一次恋爱的时候,她很喜欢那个男人,但是对方却背叛了她,分手过后她一直走不出来,也不敢再轻易相信谁了。

因此,她拒绝了很多人。直到遇见一个她真的感觉很好,也对她真的很不错的男人，才又开始了新的恋情。再次恋爱后，对方待她很好，她却总是很不安，然后就开始了各种考验。

先是各种翻看对方的手机，对方并不介意，她也并没有在手机里发现什么，她感觉很不错；接着让自己的闺蜜主动加对方，各种示好，她男朋友没有搭理，她很满意；然后又说自己的家里人出了事，急需要一笔钱，对方没有说什么，直接打给了她。

到了这种程度，她依旧还是不放心，又想着孩子最能考验一个男人，于是就假装说自己有了孩子，想看看对方是否愿意负责。结果，她的男朋友特别开心，直接安排起了以后，让自己的妈妈过来照顾她。还说想要和她赶紧结婚，还给孩子准备起了房子。

一切似乎很顺利，她很庆幸自己似乎遇见了对的人。但是就在两家人开始商量婚事时，男方的妈妈却发现了她是假装怀孕，根本就没有孩子。在这期间，她的男朋友还知道了她之前的各种试探。

她表示自己也是害怕遇人不淑，现在已经没有这些顾虑了，但她的男朋友感到很痛苦，表示无法接受她的欺骗，还说觉得她很可怕，毅然决然提出了分手，选择了离开。

现实生活中，一份感情根本经不起太多的试探。

想方设法去考验一个人，看起来我们是希望对方能够经历考验后依旧站在我们的面前，事实上，当我们一旦有了这样的心思，问题就已经产生，裂痕就已经出现了。

考验对方，对方经受住了，会显得我们很不堪，根本对不起对方的真心。

并且，就算对方扛住了，我们其实也并不会因此就放心，只会觉得那或许是侥幸，在心里往往也会生出继续考验的心思，根本就不会停下来。

总会想要去考验，不管考验多少次，都不会觉得满足，还会有所怀疑，依旧会想要再来一次。

更何况，天下没有不透风的墙，一旦有一天对方知道了真相，发现我们根本不信任他，用的方法太过分，就会很生气，然后觉得我们太有心机，太不可理喻。

对方会很挫败，很生气自己被这样怀疑，也会开始觉得自己的喜欢就是一个笑话。瞬间就会对我们没有了好感，也不敢再相信我们。到了最后，我们真的可能就会失去这份爱。

要是对方没有经受住，直接没有通过考验，我们会觉得是对方不够真诚。然而，那不过是自己太作，亲自将对方推远了。

❀

喜欢一个人，没有必要总是去各种考验，不必用时间，不必用距离，不必用别的人，不必用钱，不必用孩子，也不必用一些别的手段。不要考验，只管在相处中去判断。看看对方究竟是一个怎样的人，彼此相处起来感觉怎么样，是否值得一直走下去。

对方究竟行不行，值不值得我们去爱，真的不需要借助一些别的什么，对方的言语，对方的行为，相处中的点点滴滴，其中的每一处细节，早就已经清楚告诉了我们。

相信自己的直觉，而不要去用一些并不是那么磊落的手段，更不要去牵扯到别的人。两个人之间，信任是非常重要的，根本就容不下太多的欺骗。自己内心的孱弱和不安应该自己去安抚，而不该总是让无辜的对方来承受，来买单。

诚然，明天究竟会发生些什么，我们从来都无从得知。和那个人的感情以后究竟会何去何从，我们也根本不知道。未来总是那么难以预料，我们真的不必想太多，只管好好珍惜当下，忠于眼前这一刻，少一点猜疑，多一点信任，好好感受和对方在一起的这一段时光。

用心体验这个过程，要是彼此能够顺利结婚，一直融洽，就一直在一起。要是有一天真的出现了问题，走不下去了，那就到时候再说。

没有必要总是为了不曾发生的事情而担忧，没有必要明明没有任何的预兆，却总是去想着一些不好的可能，将对方想象得特别不好。

无缘无故考验一个人，那真的就是在没事找事，自讨苦吃，会让原本平静的日子生了事端，起了波澜。

如何看待性

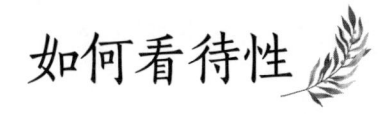

对于性，不少人总是羞于启齿，谈性色变。其实，那真的并没有必要。

古语有云，食色，性也。也就是说，美食和欲望，那是人的一种本能和本性。

吃到好吃的，人们会觉得很开心，性其实也是一样，不过只是一件很寻常的事。天下男女，绝大部分人都会遇到爱情，都会经历性，这并没有什么值得羞耻的。

作为男性，有享受性的权利。

作为女性，有享受性的权利。同时，也不必因为自己的胸部感到难堪，不必因为穿裙子觉得不自在，只管大方接纳自己的性别、自己的身体，去了解自己的生理结构，也去了解异性的生理特征。

在恰当的年纪，也要去了解究竟是怎么发生关系，孩子是怎样有的，怎么样去生。去学习这些生理知识，也去了解其中所需要承担的责任。当然，还没有成年时，不要轻易去尝试。身体还没有成熟，心智还跟不上，如果冒然发生关系，那真的会显得很不明智，会很耽误学业。

随着自己成年了，也不必那么迫不及待。

❈

成年人的世界，总有人以自己跟多少人发生过关系为荣，那其实没有什么好炫耀的，只会显得自己很滥情。随意乱来，说不定还会染病。

那给自己带来的麻烦更是后患无穷。

不论男女，单身时我们都该洁身自好。有一天和一个人恋爱了，这时候要是彼此都一心想要等到结婚以后发生关系，那自然是很好的。

每个人也都可以有自己的坚守。

若是对方渴望发生，自己不愿意，那么只管听从自己的意愿。那是你的身体，你的人生，你只管自己做主。你没有必要用这种事去讨好谁，也不必因此害怕谁会离开。

真正值得的人，会懂得尊重你，并不会逼迫你，一个因为你不愿意就离开的人，你也没有必要挽留，那个人大概也根本不是多么靠谱。

而如果彼此感情好，身心都准备好了，都可以接受婚前性行为，当然也可以正常发生。只是在这个过程中，注意保护个人隐私，也要做好措施，不要轻易怀孕。

即使已经到了适婚年纪，以现在的标准来看，彼此应该是会结婚的，但是世事难料，万一有一天彼此还是分开了，有了孩子，不管怎么选，都难免留有遗憾。选择留下，孩子生下来就会在单亲家庭；选择不生，那对不起孩子，也伤害自己。

❁

太多的恋人，谈着谈着，真的就分了，即使怀孕了，也根本就留不住这一段感情。

如果感情没了，因为孩子结了婚，以后也未必就可以过得好。

要是和一个人发生过关系，后来却真的分开了，也不必因此就有太多不好的想法，认为自己变得廉价了，会被人看不起。

你的价值，并不在于你是不是第一次，而在于你这个人。

即使和别人在一起过，你还是你，并不会有什么不同。

不必过于有心理负担，曾经是真的喜欢，是自愿的，自己不曾乱来就好。

过去的事，不必后悔，不必觉得吃亏，本来就是两相情愿，谁都并不亏欠谁。以后，只管好好爱自己，相信自己的价值，继续向前。

遇到借此来攻击你的人，不必搭理，只管远离。

去找到一个懂得尊重你，能够和你好好过日子的人，在身心上都忠于彼此，好好经营一段婚姻，让以后的日子可以过得比较幸福。

Chapter 05

爱是感觉,更是责任

爱情不是注定，而是选择

❀

我一直以为爱情是一场注定，现在我不确定了。

一位读者，一直以来对待爱情总是比较佛系，认为这一辈子会和谁结婚，那早就已经注定好了，是他的，谁都抢不走，不是他的，再怎么也留不住。

怀着这样的念头，在遇到一个比较喜欢的姑娘时，他始终都没有任何的表示。

好不容易恋爱了，当彼此之间发生了矛盾，他也是无动于衷。

一路走来，他错过了不少的人，只是一直说着随缘，不过是缘分未到。一副得到了那是自己的运气，没有得到也不过是就该如此的样子。

从前，他从来都不着急，认为总有那么一天，自己会遇到那么一个人，对方说什么也都要和他在一起，完全不愿意考虑别的人，但是渐渐地，随着身边的人都结婚了，随着自己马上就四十岁时，他变得有些慌了。

尤其是当他在工作中接触了一个很大年纪都没有结婚的人以后，他更是开始质疑自己曾经的想法。他问我，爱情到底是不是注定，自己还能不能等到那么一个人。

听到他的提问，我突然想起了那么一个故事。

❀

爱情其实也是这样，有时候，我们以为自己一直不曾遇到，事实上，可能早就已经遇到了，甚至已经错过了还不自知。

遇见了喜欢的人，我们好好把握住了，对方才会成为我们的恋人，和我们走进婚姻。

到了一定的年纪，很多人结婚了，那并不是他们更加幸运，有月老用红绳将他们绑在了一起，让他们的关系牢不可破，眼里只有彼此，再也看不见别人，而是他们选择了彼此，然后都在好好经营这一段关系，不再心猿意马，还想着有别的选择。

单身的人，也未必就是因为运气不好，一直都没有遇到心动的人，只是遇到了，却没有把握住。

在这个世界上，会遇见谁，会认识谁，那的确存在着一种机缘，而在和很多人相遇过后，究竟会和谁成为比较亲近的关系，会让谁留在我们的生命中，那却从来都不是固定的，而取决于我们自己想要和谁有着更深层次的关系，想要和谁更进一步，向谁伸出了手。

❀

　　身边一位朋友，偶然有一天，在医院她遇见了曾经暗恋的同学。

　　那一刻，她整颗心怦怦直跳，觉得这一定是因为他们比较有缘，注定要在一起。于是她没有想那么多，直接就和对方交换了联系方式，拒绝了另一个不错的追求者，后来还一直约这位同学见面，说出了自己一直很喜欢对方的事实，很隆重地告白了。

　　在那之后，他们发展得也挺顺利的，很快就恋爱了，还走进了婚姻。

　　婚礼上，她整个人特别高兴，说自己真的很感恩这一场重逢，会好好把握这一段缘分。

　　一切仿佛都在向着好的方向发展，她似乎很受眷顾，好长一段时间里她都觉得自己是上天的宠儿，本以为结婚后等待她的会是幸福，只是不承想，结婚后不久，对方就和前任旧情复燃了，毅然决然地选择了和她离婚。

　　她一直以为那个人是自己的注定，但是在那一刻她才突然发现，原来是一场劫难。

　　在她因为重逢而兴奋，一心想要和对方在一起的时候，对方不过只是因为受伤了，看她满心欢喜，所以暂时找她疗伤，在她的身边稍作停留。

　　感情的事，真的很难说，当我们笃定地站在一个人的身边，要是以后幸福了，确实过得还可以，我们会很庆幸，坚信那就是自己的注定，可要是后来事情并不如自己所想，我们真的就会开始意识到，所谓的注定不过是自以为的罢了。

没有谁注定单身。
没有谁注定要和谁谈恋爱。
也并没有谁注定要和谁结婚，一起过一辈子。
我们的爱情从来都不掌握在别人的手里，而掌握在自己的手中。
从来都没有所谓的注定，不过都只是自己的选择。

想要和谁在一起，要自己去争取，想和谁成为情侣，成为法定的夫妻，也都在于自己的判断。

不是注定只能选择某一个人，别的人都不行，而是在选择过后，就把对方当作唯一，把这一场感情当作一场注定。

在一些不好的事情发生之前，就一直那样相信着，好好经营着，把一切都当成最好的安排。

选择和谁结婚，
会很不同

❀

不要再挑了，找个差不多的人就行了，和谁结婚都是一样的。

在生活中，到了一定的年纪还是单身时，相信大多数人的耳边会充斥着这样的声音。

说这句话的人会不断告诉我们和谁结婚都是结婚，所以不要那么挑，会不断劝我们过日子都有很多不如意，所以不必有那么多心思，忍一忍就过去了。

用这种话来劝我们的人，他们或许是出自一片好意，希望我们可以尽早结婚，可以建立一个家庭，不要只是孤零零的一个人。可事实上，那些话听起来似乎挺有理的，并没有什么问题，却终究说服不了人。

就算不管和谁结婚，婚姻都终将归于平淡，彼此之间也都会有着一些矛盾，但是在平凡岁月中，生命的密度，感情的质量，内心的感觉，却会是完全不同的。

认识一位朋友，她和她的前夫是闪婚，两个人一见钟情，然后很快就走进了婚姻。怀着对未来的憧憬，他们举办了婚礼，住在了同一个屋檐下。

她本来挺喜欢这个男人，觉得对方完全长在了自己的审美上，条件也可以，可是结婚后，当对方总是把烟头扔在她的花里，时常凌晨满身酒气地回家，不上班的时候就一直睡到中午，起来了也就只知道打游戏，还总说她看那么多书干什么，没有用，她渐渐就有些爱不起来了。

不过即使如此，既然都结婚了，她还是一心想要好好过日子，想着慢慢磨合，不必着急。然而，没过多久，她又发现对方总是喜欢和别人暧昧，时常和很多异性瞎聊。

而且就算她发现了，他也毫不在意，甚至说自己就那样，让她最好不要去干涉。她为此难过、哭泣，但是并没有半点用，只是换来对方的嫌弃和动手。

那段时间里，每次见她，她看上去都非常憔悴，忧心忡忡。

一个人过得好不好，婚姻幸不幸福，不用问，仅仅只是见一见，看一看，往往就可以看出来。太明显了，都写在了脸上。

日子实在是过得太不堪了，忍无可忍，她还是选择了结束。

有句话说，找个人结婚，是希望对方可以和自己共担未来，为自己遮风挡雨，结果发现，所有风雨竟然都是对方给的。和一个不对的人在一起,纵使我们再好,也并没有什么用,那个人从来都无法带给我们任何的快乐,更给不了我们想要的生活。

不合适的人只会消耗我们。

❀

还是那位朋友,离婚后,她沉沦了一段时间,也一度很排斥感情。

就这样过了两年,她认识了一位老师,对方也有过一段短暂的婚姻,两个人因为性格不合而分开了。相似的经历让他们很快亲近了起来,但是这一次,她并没有那么快认定,而是和对方慢慢相处,谈了一年恋爱,了解下来发现彼此兴趣相投,三观很类似,确实没有什么自己无法接受的地方,才再次走进了婚姻。

之后每次跟她见面,她整个人看上去都非常好。

她说,他们很懂彼此。

对方经常带她一起去徒步。

每周都会为她买上一束花。

他们还会一起探讨看过的书。

就像上次一样,其实不用她说,我也看得出来。她的滋润早就体现在了她的言语和神态上,跟上一次有天壤之别。

和谁结婚都一样,从来都并不实际。

怎么可能一样呢?

不同的人,认知不一样,思想不一样,性格不一样,生活习惯不一样,在一起相处,一起生活,所有的一切,当然根本就不可能毫无差别。

现实是,不仅会有差别,甚至完全不一样。

有的人来到你的生命里会照亮你的人生,给予你最好的救赎,让日子比一个人的时候好多了。有的人一旦进入你的人生,却只会让你生活中原本的光亮全消失,把你的生活搅得一团糟,还不如一个人的时候。

结婚这种事,和谁结婚很关键。那是要陪着自己一直走下去的人,那是自己孩子的家长,那是会和自己共享财产的人,那是在一些特定时刻对自己生命有着决定权的另一半,这当然不能随便,务必要自己好好选择。

真正靠谱的人,才会是余生的陪伴者。

爱是感觉，更是责任

❀

爱是一种感觉。

是对一个人有了不一样的情愫，是看见对方就会心跳加速。总想要一直能够看见对方，每当看不见就会无比想念，恨不得赶紧冲到对方的面前。

明知道对方并没有多好，有很多人更好，也依旧还是喜欢得不得了，就是想要在一起。

目光所及全是对方，除了对方仿佛就看不到别的人了。

一位发小，从小他的性格就比较内向，话总是很少，也不爱招呼人。对于这种性格，他的家人一向很担忧。

好长一段时间里，他的家人都试图去改变他，想要让他变得活泼一些，但是最后都失败了。就那样过了好些年，直到他到了二十四岁，别人给他介绍了一个姑娘，也就是他的第一个相亲对象，姑娘长得还挺好看的，本来他身边的人都不抱有希望，但是他们却看对了眼。

他虽然不善言辞，但是却很有礼貌，也很真诚，见面的那天，那个姑娘更是对他一见钟情，说很喜欢他身上的那种书生气，没有那么多的废话，没有刻意显露自己，反而让她觉得很安心。

姑娘一下子就喜欢上了他，而他也觉得姑娘各方面很不错，他很心动。

两个人感觉都很好，都不想要再去考虑别人了，于是，他们经常见面，每当有时间了就会待在一起，一段恋情也就那样拉开了帷幕。

从小让家人忧心的发小，却一下子就找到了自己的爱情，他的家人都很意外，但是也乐见其成，后来还替他们风风光光举办了婚礼。

感情的事总是很难说得清，就像有时候我们根本就不知道自己会对谁动心，也总会有那么一个人会对我们有着不一样的感觉。刚好就很喜欢我们，很乐意和我们在一起，很想要和我们一起走下去。

或许会有那么一些时刻，我们喜欢的人并不喜欢我们，喜欢我们的人我们并不喜欢；但是却也总有那么些时候，我们喜欢的人和喜欢我们的人，恰好就是一个人，爱与被爱同时发生。

❀

太多的爱情往往都是这样开始的。只是相爱很容易，过日子却从来都没有那么简单，生活总是充满了坎坷，爱情也总是会面临很多的挑战。

发小结婚后，两个人过了一段时间的二人世界后，就开始准备要孩子了，差不多准备了半年，他们迎来了喜讯，但是检查过后却发现是宫外孕，根本就没有办法留下，不得已他们选择了做手术，准备等身体调养好了以后再说。

就那样过了两年，终于又有了孩子，可是这一次依旧还是宫外孕。

再次做完手术，发小很担心他的妻子，恰逢两个人结婚纪念日，他直接订了旅游机票，想要带对方出去散散心，以此来给她一份安慰，告诉她不要有负担，不承想，他的妻子却直接提出了离婚，说不想耽误他。

他怕他的妻子心里不好过，他的妻子却一心想要成全他，让他可以有自己的孩子，哪怕是放弃这段感情，让自己陷入很不好的境地，也在所不惜。

那一刻，他的妻子很感动，他也很动容，只是他坚决不愿意离婚，表示他们还可以选择别的方式，即使到了最后没有孩子，也没有关系。

之后他们四处求医，最后通过试管婴儿，终于还是迎来了一个小生命。

看着新出生的孩子,他们都很开心,发小也很感恩妻子的辛苦,一直都在细心照顾。

两个人在一起,总是会遇到一些难题,像是有人生病了,像是要孩子并不顺利,像是两家人之间会发生一些矛盾,像是彼此之间会出现很多的分歧。

每当遇到这样的情况,如果选择扔下对方,自己独善其身,那似乎会比较轻松,然而爱从来都不该那么肤浅。爱的确是一种感觉,但更多是一种责任。

在因为感觉而选择了对方之后,我们需要去对自己负责,也需要去对对方负责。

彼此依旧还是独立的自己,但是彼此却也成了一个整体。

无论贫穷与富有,不论疾病还是健康,都爱对方,珍视对方,直至死亡。这样的结婚誓词从来都并不是说说而已,那早已经道出了爱情的真谛,也该落到实处。

需要一起去面对生活中所有的困顿,一起去解决彼此会面临的所有难题。有时候,我们做出一些牺牲,去成全对方,有时候对方做出一些牺牲,来成就我们。

相互陪伴,相互取暖,去创造美好,去跨过一关又一关。

我们都羡慕白头到老的爱情,而要是每当遇到一点风雨,我们就

抵抗不住，心志不坚，一心只想要逃跑，保全自己，那么不管和谁在一起，我们都没有办法和对方一起走到那一天。

　　都会有波折，都会有一些不是那么美好的时刻。

　　能够去担当起这份责任，不论发生什么都坚决不放手，一心只是守在对方的身旁，成为彼此的依靠，成为彼此的港湾，相互给予对方一份支撑，走着走着，很多的难题才会迎刃而解，彼此也才真的可以陪对方走到了最后。

　　直到白发苍苍，成了老夫老妻，身边都还是从前那一个。

感情都会有痛苦

❀

单身好还是恋爱结婚好？

身边一个姑娘，一个人的时候，她总是嚷嚷着觉得一个人好没有意思，好想谈恋爱，可是在恋爱后，她却并没有想象中那么高兴，又总是觉得和另外一个人在一起好痛苦，也好麻烦。

她经常会因为对方没有及时回复她的消息而觉得痛苦，因为对方总是不明白她的心思而觉得难受，因为对方的一句话又开始想东想西。

每当那样的时刻，她都会问自己到底为什么要谈恋爱，想着还不如一个人过。

人总是很容易就有这样的倾向，一个人的时候很向往两个人，总以为那样的岁月不管做什么事身边都有一个伴，有个人和自己一起会特别好。然而当有一天真恋爱了，却又觉得一切似乎并没有那么让人欣喜，反而有着很多让人意想不到的疼痛。

可能我们会觉得，如果爱情没有痛苦，有的全是甜蜜，那该有多好,可爱情本来就像生活一样,从来都是喜忧参半,有苦有甜。

从来没有哪份感情会全都是幸福。

身边一位亲戚,他第一次结婚的时候,觉得对方性格太强势了,这让他觉得很累,于是提出了离婚。他结第二次婚的时候,又觉得对方太不独立了,这又让他选择了放弃。

现如今,他已经第三次结婚了,在这一段新的婚姻里,他依旧觉得很煎熬。

每一次结婚之前,他都觉得自己找到真爱了,在一起挺舒服的,但是每次过了还没有多久,他就又会觉得对方并不如自己所想,和对方在一起,根本就不是那么回事。

总是在寻找一份完美婚姻的人,找到最后,等待自己的怕都只会是失望。想一想,我们自己都不可能让自己完全满意,更何况是一个跟自己完全不同的人。

人性是很复杂的,和一个人在一起,即使性格再契合,大多数时候很能理解对方,觉得很幸福,却也依旧会有那么一些时候,相互之间的相处有着各种问题。

❀

生活中,你有没有想过,究竟为什么一个人有时候会觉得很开心，甚至是开怀大笑，其实，那正是因为在生活中，有那么些时候，你一点都不开心。

很多事情都是相对的，正是因为失去过，所以更加懂得珍惜，正是因为经常都觉得日子很苦，所以才更能够体会到一些甜蜜。

就像身边一位姑娘，她和男朋友恋爱一年，男朋友对她事事迁就，也总是照顾着她的情绪，从来都没有对她红过脸，这样的生活别人都羡慕得不得了，她却经常觉得很没意思。

她甚至很想男朋友跟她发发脾气，说那样才会显得比较有意思，能让她感受到生气。

也正是因为生活中掺杂着各种情感，感情中总是交织着很多的感受，生命才变得更加有张力，感情也才显得更加丰富与迷人。

有句话说，如果觉得迷茫，说明还有追求；如果觉得委屈，证明还有底线，而在感情中，如果和一个人在一起会觉得痛苦，其实也正是因为心中有爱。

不爱一个人的时候，你根本就不会对那个人有任何的期待，也根本就懒得搭理对方，对方的一切也根本影响不了你，你只会完全无视对方的存在，一心只想过自己的日子。也只有当你很爱一个人时，对方的一举一动才会特别能影响到你，总是让你伤心，总是让你生气，然后你经常因为对方而觉得心绪难平。

既然爱，那么不妨就多包容一些，接受感情并不是一帆风顺，会有一些痛楚的现实。

是的，感情都是会有痛苦的，你会感到痛苦，对方也是，这很正常，这才是感情的真相。

当一段感情总是让你很痛苦，如果它带给你的只有痛苦，那么这并不是一份好的感情，你可以考虑舍弃它，可如果只是有时候让你很痛苦，有时候又让你很幸福，那你最好别轻易放手，不如好好感受。从来都没有百分百合适的人，也没有百分百为你量身打造的感情。

那些痛苦是你们相爱的证据，你不必拒绝痛苦的存在，只是你要尽可能去让痛苦变得更少一些，把痛苦看得更淡一些，让你们在一起可以更加自在些。

相互做出一些调整，也做出一些改变，一起对这份关系缝缝补补。

到了最后，只要幸福多过痛苦，那么这段感情就是值得的。

不必总是羡慕别人的爱情

❀

生活中,我们似乎都很容易羡慕别人。羡慕别人住着更大的房子,羡慕别人有着更好的事业,羡慕别人拥有不错的感情。

单身的时候,会羡慕别人有对象,有对象的时候,又会羡慕别人的另一半更好。喜欢攀比,喜欢羡慕,这似乎是一种本能,也是人之常情。但其实过多地羡慕别人除了会让自己觉得难受外,根本就没有什么意义。

而且好些时候,我们总是觉得别人的感情更好,那未必真的就是那么回事,因为我们不是当事人,刚好置身事外而已。

身边一位朋友,在外人眼中,她嫁得非常好,她的老公很爱她,对方的家境也很好。

很多人都羡慕她的婚姻,羡慕她经常在朋友圈晒的礼物。事实上,她的婚姻表面看起来的确很风光,但是只有她自己知道,在那个家里她的想法有多么被忽视,她自己又活得有多么小心翼翼,受了多少的委屈。

比起外人所看到的幸福，她经常觉得绝望，感觉自己的日子完全停顿了。

不管是生活，还是爱情，又或者是婚姻，外人所看到的从来算不得数，唯有当事人自己所感受到的才是真的，这就像那句话所说的，婚姻如人饮水，冷暖自知。

当我们不是别人，不曾穿着别人的鞋子走来走去，不曾去经历别人所经历过的一切，不曾去感受别人的感受，我们所看到的就未必是真相，不过是表面，也不过是假象。

好些时候，那对看似很合拍的情侣，说不定彼此经常都不在一个频道，谁都理解不了谁；那对看似恩爱的夫妻，说不定私底下都不说话，心里对彼此也都是怨恨。

表面的好未必就是真的好。每段感情也都一样会有问题。

❀

曾几何时，和几个朋友见面，一个朋友说，羡慕另外一位朋友的另一半，总是特别有主见，而那位被羡慕的朋友却对羡慕她的朋友说，她反而羡慕对方的另一半总是黏着她。

一位朋友觉得自己的另一半太有主见，太过于追求独立，总是忽略了自己；另一位朋友则觉得自己的另一半太过于黏人，经常让自己没有独立空间，感觉有些讨厌。

人与人之间似乎就是如此，会轻易地看到自己感情中的问题，会羡慕别人的爱情，殊不知，在自己羡慕着对方的同时，可能自己也同样正在被羡慕着。

　　本来，一个人的时候，生活总会有很多不如意，那是生活的真相，两个人在一起的时候，彼此有一些矛盾，那也在所难免，也是非常正常的。

　　每个人的人生都会有很多的问题，每一段关系也都会有着自己的矛盾点。

　　所以，总是去羡慕别人的人生，羡慕别人的感情，真的挺没有必要的。羡慕别人，眼红别人，嫉妒别人，那样一份未知全貌的羡慕，不过很虚无，除了让自己很不好受、心中满是戾气外，对自己的生活没有半点益处。

　　与其总是去羡慕别人，我们不如把目光聚焦在自己的身上，把这份精力好好用在自己的生活当中。好好看清楚自己的现状，也好好想一想自己想要的、能够拥有的到底是什么。

　　我们的人生终究只关乎自己，只关乎自己身边的人，别人是什么样并没有那么重要。对于我们而言，也唯有我们自己所拥有的才是真切的生活，也才是比较实际的。

　　人生这一程，重要的从来都不是仰望别人，而是踏踏实实地过好自己的日子。

就把自己所羡慕的那种生活、那种感情,当作自己的目标,然后沉下心来,去和自己好好相处,去和身边的人好好相处,一点一点让岁月成为自己想要的样子。

别墅豪车,金钱名望,别人有再多,那都不如自己三餐温饱,在世间有着一隅清欢。

该好好珍惜的，是眼前人

❀

对于过往，人们总是容易心怀美好。

就是说，对于当下这一刻，始终都会觉得不是那么尽如人意，而对于已经成为过往的一切，却会觉得那是非常不错，很让人眷念的。

这样的观念仿佛并没有什么问题，然而我们却忘记了，所有过往其实曾经也都是当下。

当过往还是当下时，我们不觉得好，随着当下成为过往，却开始觉得好，说到底，那未必是因为真的有多好，不过是因为我们的怀念给回忆加上了一层滤镜。

生活中，我们似乎总是很容易如此，总是在想着一些有的没的，而忽略了眼前。不仅忽略了眼前的生活，好些时候也忽略了眼前的人。我们总以为眼前人不过如此，却不知眼前人才是我们最该好好用心对待的。

身边一位同事，结婚后仗着对方喜欢自己，一直都对妻子很不好。他一直心心念念的始终都是自己没有得到的那一个。

好长时间以来，他忽视妻子的感受，时常很晚才回家，把家里的大小事全部都丢给妻子，自己只是各种在外面玩，和别人一起花天酒地。

最开始那两年，因为爱他，所以妻子一直默默忍受，始终待他很好，独自承担着家里的一切，也总是会等他回家，好好照顾他。

只是渐渐地，当他始终那个样子，妻子也就不管他了，自己该吃吃，该睡睡，该上班上班，不再在乎他什么时候回家，也不再在乎他是否关心自己。

两个人同床异梦，貌合神离，都觉得很没有意思。

想一想，和一个人过日子，如果我们总是漫不经心，对对方不好，对方一定是可以感受到的。对方会发现我们并不爱，也会发现我们的敷衍。

长此以往，就算对方很爱我们，很想好好珍惜这段感情，到了最后，只怕也只会因为我们的态度然后变得很伤心，也同样不再对我们好。

结果，彼此都不用心，就算在一起，也很难有什么幸福可言。

不用说，那样的日子当然不会是我们想要的。选择一个人，和对方一起生活，说到底我们还是渴望能够拥有一份幸福，能够过得更好一些。

所以，不管是为了对方还是为了自己，既然和一个人在一起了，我们就应该好好尊重自己的选择，也和对方一起，用心去过好当下的日子。

给予对方一份关心，给予对方一份呵护，和对方用真心换真心，和对方好好过，尽可能地让生活能够更有滋有味，相互都能够拥有一份温暖，一份感动。

也唯有如此，对方才会觉得选择我们是没有错的，我们也才能够在流逝的岁月当中，真的能够感受到自己被爱着，活得更加舒心一些。

还是这位同事，他们的婚姻就那样维持了好几年。

后来有一天，那个他曾经喜欢的女人回来找他了，他欣喜若狂，不管不顾地就和自己的妻子离了婚，一心想要弥补曾经的遗憾，觉得那才是自己想要的幸福。

和想要的人终于在一起后，他才发现对方一点都不顾家，家里的事情都不管，还只知道跟他要钱，各种无理取闹。

对比之下，他开始怀念曾经的那一段婚姻，认识到了曾经的妻子是多么好，也开始后悔自己对妻子的态度，冲动选择离婚，可是一切已经回不去了。

人生中，有些时候，有些事，当我们后悔了，我们还会有机会补偿，可是有些人，有些事，就算后来我们醒悟了，却也为时已晚。

不想造成那样的局面，我们就不应该太任性，当对方爱自己时就特别有恃无恐。我们该好好珍惜眼下的每一天，尽可能不要给自己留下遗憾。

那个人，终究是我们自己选择的，终究是非常重要的，既然选择了就要懂得负责，不要等到快失去了，才知道要珍惜。

❀

感情的事，不曾拥有的从来都没有那么重要，重要的是此刻。

诚然，在过去的岁月中，我们可能的确遇到过一些很不错的人，眼前的那个人跟记忆中的那个人比起来，也许真的不过就只是平平。可是我们也要明白，不管记忆中的人有多好，对方也并不属于我们，不过只是过客。

我们都会犯一些错，都会失去一些人，我们可以回忆过往，但也不必一直念念不忘，总是觉得不属于自己的人更加值得重视。

一直以来，是身边的人一直在陪伴着我们，为我们倒上一杯水，和我们一起风雨共担。

在我们身边的人，对方或许有很多的不足，可是却也是对方在参与着我们的一切。

总是回头看是走不远的，也是不会有未来的，懂得放下过往，爱自己所选择的，和眼前人一起好好过，把眼前人当作心上人，我们的以后才会更加可期。

所有过往,都是序幕,错过的人会有自己的以后,我们其实也会有属于自己的风景。

岁月中,有的人每个月要还房贷、车贷,日子过得紧巴巴的,却也觉得很幸福。有的人没有任何欠债,更有着不少的存款,却依旧并不开心。

终究是不懂得珍惜眼前,拥有再多,我们也只会始终觉得有所缺失。懂得珍惜,就算日子看起来并不是那么如意,自己的内心也依旧会比较充实。

人要懂得珍惜当下,珍惜眼前人,珍惜自己的拥有,而不该总是想着一些有的没的,总是觉得自己没有很多东西,真正想要的并没有得到。

好些时候,我们拥有的并不少,我们得到的也并没有那么差。

我们都要学会一个人生活

❀

认识一个姑娘,从二十岁开始,她要么就是在恋爱,要么就是在奔向恋爱的路上。

她完全忍受不了一个人,每当一个人的时候,就会觉得特别孤单和寂寞,然后想尽一切办法也要让别人来陪着自己,让自己不是一个人。

一直以来,为了让自己的身边有人陪伴,彻底摆脱这种孤独,她爱过很多次,认识几天就可以和一个人在一起,分手几天又可以开始一段新的感情。

回首过往,她虽然总是伤痕累累,却依旧乐此不疲。不是不想停下来,只不过她根本就不知道该如何停下。她总是渴望有一个人能够一直在她身边,然而爱过很多次,她却依旧还是只有自己。

越想摆脱孤单,孤单的感觉反而却总是如影随形,这让她感到很绝望,也开始思索。

生活中，没有谁会真的喜欢孤单，都会希望有那么一个人能够始终陪伴着自己，在自己需要的时刻对方刚好都在，然而事实上，很难有那么一个人能够懂我们的所思所想，完全以我们想要的那种方式来爱我们。

回想小时候，我们的身边轻而易举地有着很多的小伙伴。我们和小伙伴一起玩耍，相互陪伴着彼此，那时候生命中的一切都是那么新鲜，我们很少会觉得孤单，只会对这个世界上的一切都充满了好奇。

慢慢地，随着年龄渐长，猝不及防地，曾经的伙伴对人生有了不一样的选择，后来更是有了不同的际遇，相互之间也是渐行渐远。越是长大，亲人渐渐疏离，朋友各奔东西，我们就会开始变得很孤单。大多数时刻，孤单还会成为一种常态，成为一件很正常的事情。

当孤单本是寻常，那么比起总是为了逃离孤单，然后不断地想要抓住谁去寻求一份安慰，我们倒不如学会和孤单做伴，在这段时期里先好好享受孤单。

感到孤单的时候，越是往人群中凑，那不仅没有办法告别孤单，反而只会让自己的内心变得更加空虚，不知道该如何去和自己相处。

而当我们学会独处，好好利用孤单，一个人的日子里专心去做些喜欢的事，久而久之，我们的内心反而会更加平静，更加能够感受到生命的美好，也更加容易遇到一个真正契合的人。

不过，即使遇见了那么一个人，其实也并不意味着以后就事事有人做伴了。

❀

记得一位朋友曾跟我吐槽说，她本来以为恋爱以后心事就会有人懂，烦恼就会有人听，不管做什么都不会是一个人了，但是她发现更多的时候，很多情绪还是只有自己懂，很多事情也依旧还是只是自己在面对。

不是对方不称职，而是对方也有自己的事情要忙，也总有那么一些领域，对方根本就插足不进来，没有办法代替她去承受。

爱从来都不是万能的，相爱的两个人，彼此虽然是一个整体，但是却也相互独立，是两个独立的个体。虽然很多的事情可以一起面对，面对未来也可以一起努力，但是却总有那么一些心事只能各自体会，总有那么一些选择只能自己做主。

再相爱，也并不可能完全懂得对方，也并不可能替对方承担起一切，彼此还有着各自的责任需要去承担，有着各自的目标需要去实现，有着只能靠自己才能过的关。

爱情对于我们每个人而言，从来都不是说找个人来承担起我们的一生，从此自己就坐享其成，而是两个独立的灵魂惺惺相惜，相互成就，一起向着更好的人生迈进。

我们在爱情里可以适当依赖，可以全心全意，但是却也还是要保持独立思考的能力，让自己一个人也依旧可以独当一面。

当我们始终都足够独立，那么前行途中不论遇到什么人，经历什么事，才都可以更好地化解，不至于在岁月中迷失，在爱情中失去自我，因为一点打击就萎靡，因为谁的离去就一蹶不振。

终其一生，每个人都一样，都要学会一个人生活。

身边无人时，就自己好好照顾自己，好好和这个世界相处，让自己一个人也可以好好的。等有一天和另一个人相爱了，就一边好好爱对方，一边成为更好的彼此。

人生是一场有去无回的旅行，这场旅行遇见的都是风景，自己才是唯一不变的主旋律。

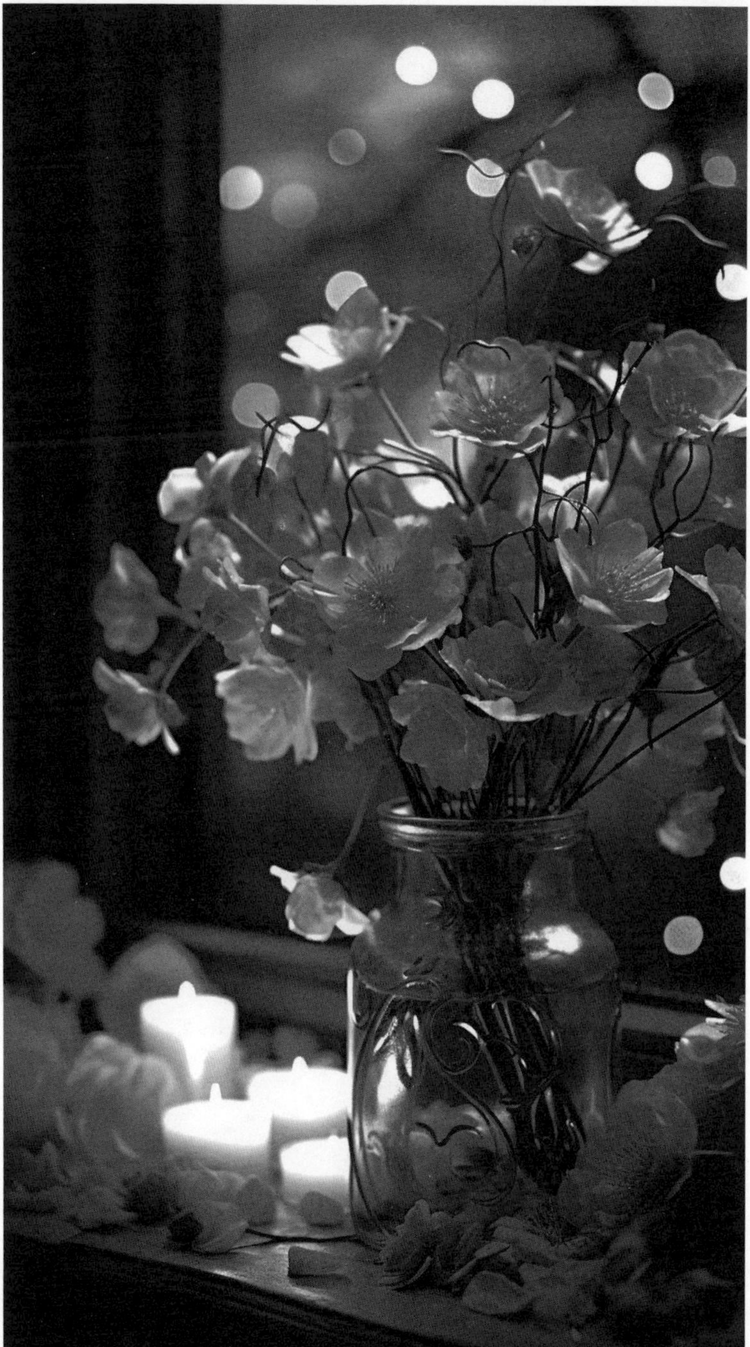

Chapter 06
接纳对方最原本的样子

何必总是翻旧账

很多情侣之间都存在着一个问题,翻旧账。

每当出现了什么问题,眼前的问题还没有解决,就开始把过去的种种拿出来说,哪怕是好些年以前的事情,也不放过,各种数落对方的不是,一副自己十分委屈,对方非常对不起自己,十分亏欠自己的样子。

结果,根本就忘记了为什么而争吵,直接就成了大型埋怨现场。

我曾见过一对夫妻,女人怀孕的那一年,男人刚好工作特别忙,一直都在外地出差,这也导致了很多事情都是她一个人在面对。一个人产检,一个人面对身体不舒服,一个人操劳着家里的一切。甚至是生孩子的时候女人大出血,男人都没有赶回来,不曾陪在身边。

自那之后,女人就一直记得这件事,觉得男人没有良心,很对不起自己,让自己独自面对那一切,受了那么多的苦。

虽然后来男人换了工作,不再需要出差,在家里尽心尽力,也好好照顾孩子,但是她始终都不愿意原谅,对男人的态度一直都不怎么好,时不时地把这件事拿出来说。

好几年时间,他们就那样一直过着,都觉得很痛苦。

人为什么喜欢翻旧账？

是因为曾经的那件事让自己真的很介意。

也是自己始终都不曾放下，没有将自己从过往中解脱出来。

一直都很在意，自己很不好过，心里有着太多的怨言，所以没有办法好好去面对对方，也总是想要对方同样不好过。

明明是爱人，结果彼此却活成了冤家一般。相互之间根本就没有什么幸福可言，有的只是鸿沟和难以言说的伤痛。

这样的相处模式，想想就挺煎熬的，谁都不会痛快。看似是在惩罚对方，何尝不是在惩罚自己，将自己一直困在那里。

看起来，一切似乎只能是这个样子，因为对方确实过分，所以自己只能如此；实际上，就算对方过往有一些做得不到位，犯过一些错，彼此之间也还是有选择的。可以选择仇恨、漠然、惩罚，也可以选择遗忘、原谅、重建关系。

发生过的事情已经没有办法改变了，对方就算曾经有一些不好，但是却也真的不该就此抹杀了对方所有的好。

❀

就像上面那对夫妻，老公缺席了妻子的孕期和生产，也是为了多赚一些钱，就算这不能成为充分的理由，也确实有些疏忽，但是在后来，他真的在尽全力弥补。

他换了工作，始终在好好赚钱，他回到家里会主动分担家务，做很多的事情，他也会陪伴孩子，为孩子换尿布、冲奶粉、哄孩子睡觉，和孩子一起玩耍。

明明做了很多，也付出了很多，但是他的妻子却一直揪着一件事不放，直接选择忽视他的付出，也不愿意看见他的付出，就只是固执地记着自己心中的那笔账。

这是他们之间的问题。

不过好在，后来有一天，当她和孩子发烧了，看着她的老公忙前忙后，头上都已经开始有了白发，她终究是心疼了，想通了，开始注意到对方的付出，也开始转变自己的态度。

既然还要一起过，总是翻旧账、盯着那些不好的地方不是什么好事。比起一直那个样子，不如多想想对方的好，多想想对方的付出和贡献，把那些不好冲淡一些。

一直以来，总是仇视对方、给对方难堪、各种指责对方，看起来自己似乎很有理，但是对方却一直在接收着负面情绪，在默默承受，在无声纵容。你觉得那都是对方应该受着的，其实并没有什么应不应该，对方不过是在迁就，比较珍惜这一段关系，不想这个家散了。

人就只有这一生，你不必让自己那么辛苦。那是你所爱之人，你也不该让对方那么痛苦。

不如放下成见，以后好好过。

既已回不到从前，就请只管去书写现在和以后。

别总是把分开挂在嘴边

❀

男女之间相处，总是会有一些矛盾。只是每个人处理矛盾的方式不一样。

理智点的人们，在出现问题的那一刻也会有一些情绪，但是即使有情绪也会懂得克制，并不会轻易说出一些很过分、不可挽回的言语。

而与之相反，总有那么一些人，在问题出现的那一刻完全不管不顾，在乎的不是事情本身，而是会觉得对方不让着自己，就是不爱自己，还总喜欢说干脆结束算了。

身边一个姑娘，也许是因为天生比较缺乏安全感，在谈恋爱的时候总是很作。

经常因为一点小事情，对方稍微没有遂她的意，她就会直接提分手来威胁对方，然后用对方一次又一次的迁就、不愿离开，来验证对方对自己的心意，并且对此乐此不疲。

每一次，当对方选择妥协，她还都很有成就感。

于是她提分手的频率变得越来越高,就在她以为对方一定会一直这样让着她时,渐渐地,她却感受到对方没有那么愿意哄着她了,而是显得很敷衍,很不耐烦。

她很不安,觉得对方是不是变心了。

和这位姑娘一样,总爱把分开挂在嘴边的人,大都并不是真的想要和对方结束,不想要继续了,不过就只是在发脾气,希望对方可以多关注自己一下。

每当这样的时刻,或许对方只要愿意妥协,稍微说些软话,你就会心软了,但是你有没有想过,你一次次如此,很容易将你们的感情消磨殆尽。

没有人真的没有脾气,一个人愿意一直纵容你,那往往是因为喜欢和在意。

然而,纵使再怎么喜欢,当你不断说分开,不断做着相同的事情去伤对方的心,久而久之,对方也还是会累,还是会觉得疲惫,甚至还会开始怀疑这段关系,不想再一直迁就。

感情这种事,焐热一颗心需要你做很多,但是即使再炽热的心,也经不起几次失望。你每闹一次,对方表面上不动声色,心里其实往往就会失望一次,随着对方对你的失望不断累积,总有一天,对方的心凉了,不想哄了,干脆就随便好了。

❀

  遇到过一位读者，谈恋爱的时候，每当感情好的时候，他们甜蜜得不行，但是一旦对方惹到她了，她就会各种吵，嚷嚷着要分手。

  每一次，男朋友都会直接去她家找她，说各种好话。

  她满心以为，自己这样并没有什么问题，对方会始终那么包容着自己，任自己胡闹，但是在她又一次说了分手后，对方却直接说了"好"。

  对方第一次跟她说分手，而也就是这一次，让他们再也没有了以后，哪怕是她各种低姿态，保证以后不再说了，对方也依旧无动于衷。

  被偏爱的时候，我们总是有恃无恐，以为对方并不会真的放手，可是我们也要明白，即使对方再爱，也根本做不到一直无条件容忍。

  虽然你知道自己说分手不是真的想分，不过只是气话，但是对方并不是你，未必就清楚。

  就算对方知道，当你说的次数多了，每当你们稍微有一点口角之争你就说，渐渐地对方也会变得不确定，久而久之失去了信心。

  当对方开始有了那样的认知，觉得你并没有想要好好在一起，回想起你们在一起的点点滴滴，和自己所付出的一切，对方很容易就会觉得自己的真心不过是一个笑话，想着干脆放开你，直接成全你好了，免得你一直说，免得自己一直提心吊胆，不知道你什么时候真的会走。

人越长大，就越不会喜欢让自己太累的关系，只会希望和一个人在一起时，这份感情能够很确定，彼此能够相处愉快，相处舒服。

能够比较和谐，那就一直继续，要是实在太累了，感觉很不踏实，也还是会心生退意的。

和一个人在一起时，不能太矫情，除非是真的想分开，不然就不该轻易说。恋爱时，不要总把分手挂在嘴边，结婚后，不要总把离婚挂在嘴边。

口是心非，总是说着一些违背自己真实意愿的话，用离开来获取关爱，短时间看来那似乎挺有效的，长远看来，却会让你越来越喜欢说，让你们的关系变得越来越差。

与人相处，说出去的话覆水难收，跟不熟悉的人，我们应该注意自己的言辞，与人为善，对自己喜欢的人更是该注意分寸，切莫总是用分开去伤对方的心，去做无谓的威胁。

永远不要高估你和任何人的关系，不要高估一个人对你的喜欢，没有谁是离不开谁的，不然到时候，一旦对方真的离开了，你才发现自己把感情作没了，后悔的只会是你自己。

一个人爱我们，固然应该多包容。但是我们也有义务好好收敛自己的脾气，让自己成为一个情绪稳定的成年人，让对方能够感到踏实和安心。

　　感情是种消耗品，并不是一个人爱我们就一直都会那么爱，对方的心需要我们去安定，都好好用心，彼此的关系才有可能长远。

　　太作，真的很难过好，很难有一个好的结果。

接纳对方最原本的样子

❀

我都是为了你好。你爱我,就该为了我做出改变。

感情中,我们很容易就对自己的另一半不满。可能对方很多的行为我们都看不顺眼,可能是某一点我们特别介意,总是希望对方能够改。

觉得对方改了,一切就会很完美,彼此就可以变得很幸福。

身边一位亲戚,她性格是比较要强的那种,不管什么事情都想要做到最好,但是她的老公却是比较安于现状,并没有那么高的标准,凡事都只是追求稳妥,觉得差不多就行了。

生活中他比较随意,工作中他也是不争不抢,就那样在一家企业待了十年,即使曾经的同事早已经自立门户,发展还不错,即使别人升职了,他也依旧觉得无所谓。

他比较淡然,但是我的这个亲戚却受不了,总是说他不上进,逼迫他学习,让他更有追求一些,可以比别人更强,让家庭条件更好些，日子更加不错。

在这一点上，她说了无数次，但是对方依旧没有任何变化，还把关系弄得剑拔弩张，彼此都很不高兴。她的老公觉得她实在不可理喻，她则觉得她的老公太过窝囊，没有出息。

她说她不明白，为什么明明自己是为对方好，为了这个家，对方却完全不愿意接受。

每一个想要改变对方的人往往都会觉得，自己的想法是对的，既然自己那么对，那么对方就没有道理拒绝，就应该接受自己的观点，按照自己的标准来。

然而很多时候，当我们逼迫着一个人改变时，却忘记了对方和我们是不一样的，我们认为正确的，对方未必认为正确。

对方往往有着自己的立场，也有着自己的想法。

希望对方完全是自己想要的模样，希望对方在对很多事情的认知上也能够和自己一样，当对方并不符合自己心中的想象时，就想要对方能够改变，来满足自己的期许，觉得是为了对方好，还觉得如果对方不愿意按照自己的意愿来，那就是错的，自己还会因此而变得很痛苦，这份感情也不再有意义，我们总会有着这样的想法，每一次还都特别理直气壮。然而，很多时候问题真的不在对方，是我们自己不曾和自己和解。

自己很不安，没有满足自己，所以总会想要对方给予，向对方索取。

自己不懂得包容，所以对对方也特别苛刻。

总以为自己可以改变对方，事实上越是想要改变对方，对方只会越反感，越抗拒。没有人喜欢别人总是对自己指指点点，说自己不好，我们不喜欢，我们爱的人同样也不会喜欢。这不仅不利于彼此的关系，反而会很容易让关系变得紧张。

想要改变别人从来都是不现实的，我们该改变的其实是自己。

❀

这位亲戚后来尝试着和老公好好沟通，她发现原来老公是觉得现在的公司很不错，比较稳定，他的那位同事虽然创业初期挺成功的，后来却遭遇了重创，别人升职了，是因为那个人是老板的亲戚。

他说自己并不适合冒险，现在的就业环境也不好，就只想在一个地方踏实地待着，虽然并没有办法可以赚很多，但是至少日常生活会比较有保障。

听到对方的说法，她才突然意识到，自己当初之所以会选择这个男人，其实就是看上了对方身上的那种松弛，那种踏实，觉得和自己互补，可以让自己不要那么紧张和焦虑。

在那之后她顿悟了，不再总想要去改变对方，而是学会了接纳。觉得日子过得不好就自己去拼，去追求想要的，有对方始终作为自己的后盾，那也挺好的。她终于不再对老公提各种要求，老公也对她更好，他们的关系变得更融洽了。

亲密关系中，很多时候需要改变的其实都不是对方，我们该改变的是自己总是想要改变对方的这种态度。要去接纳对方身上那些自己并不喜欢的东西，要允许对方恰好就是最原本的样子。

当总是打着爱的名义强迫对方改变的时候，我们不妨停下这样的想法，多看对方的长处，多想想对方对自己的容忍，多给予对方一份包容。并不是对方爱我们就应该怎么样，为我们做些什么，而是我们爱对方，应该多想想自己能为对方做些什么，去给对方一份安全感，一份认可。

我们自己所缺失的，内心的那些空白，要学会自己去填补，自己去觉醒，而不是总是找对方的茬，觉得是对方耽误了自己，一心想要对方来满足自己，认为对方是自己的爱人就必须无条件按照自己的标准来。

对方是我们的伴侣，但是首先对方也是自己，是一个完整的个体。是和我们不一样的人，有着自己的独立意识。可以对对方提要求，更多的则要多调整自己，尊重不同。

与人交往，自己才是一切的根源。

谁都会对谁有所不满，在所有的不满中，要学会先改变自己，一心想要改变别人只会显得很愚蠢，让事情向着很不好的方向发展。

爱情比较好的样子该是，我是爱你的，但你是自由的。

因为爱你，所以和你在一起。因为爱你，我允许你做自己。

如何让改变发生

❀

　　男女之间，最好就是两个人在一起后，相互都愿意调整自己的一些行为，去让彼此的关系可以变得更加融洽。

　　比如我身边的一对夫妻，女方单身的时候总是喜欢四处旅游，很少存钱，但是结婚过后她就很少出去了，开始各种攒钱，为了可以尽早换一套更大的房子，也为了以后可以给孩子一个更好的成长环境。她的老公单身的时候常常玩游戏到半夜，结婚以后也自觉地改掉了这个习惯，和她一起十一点就准时睡觉，早睡早起。

　　没有谁要求谁，两个人都很自觉地去为了彼此考虑，去配合对方的脚步。

　　这样的相处模式是非常好的，当一个人变成两个人，当两个"我"变成"我们"，都很用心地去对待这段关系，都舍弃一部分的自我，一起去把日子过得更好。

　　为了共同的幸福而努力，并不排斥做出改变。

　　比较有觉悟的两个人，大都可以如此，只是更多的时候，我们可能并不会意识到自己的问题，也并不愿意因为对方做出调整，只会依然我行我素，一心希望对方主动适应自己，成为自己想要的那种样子。

一位朋友，恋爱的时候他觉得自己的妻子温柔可人，十分善解人意，对他很好，但是结婚以后，尤其是生了孩子以后，却总是经常在抱怨，天天有很多的不满。

妻子抱怨每天都好累，工作本来就压力大，每天下班后还要去婆婆家接孩子，然后一边照顾孩子，还要一边负责家里的大小事；说他的眼里总是看不见活，还时常把东西乱扔，给自己增添麻烦；说他对她越来越敷衍了，都不愿意跟她说话，自己说话时常都没有回应。

妻子变成这副样子，他感觉很烦躁，而且看着对方现在越来越不注意形象，经常也不打扮，更是感觉很糟心，问怎么样才能让他的妻子变回曾经那个样子，好看又迷人。

对于另一半，每个人都会有着自己的预期，当对方不符合，我们就会想要对方改变。

尤其是当对方本来就不是那个样子，我们见过对方很好的样子，后来当对方变得面目可憎、歇斯底里、让自己大失所望时，我们更是会希望对方可以回到从前。

而这时，去质问对方为什么变了，去逼迫对方成为以前的样子，那当然并不现实，想要改变对方，首先还是得改变自己。

在一番交流和思考过后，这位朋友复盘了一下他们的相处，他发现在这段婚姻当中，总是妻子照顾孩子、收拾家里，对于这一切，他都习以为常。并且渐渐地，他对对方也确实就不怎么上心了，时常都很冷淡。

想清楚过后，他决定不再以妻子顺路为借口总是让妻子去接孩子，他时常也去接；不再以不会带孩子作为理由，而是学着去给孩子换尿布、喂奶粉，也开始在家里主动承担家务，做饭、洗碗、洗衣服和拖地什么的；偶尔还为他的妻子买上一束花，送一份礼物。

随着他的改变，他发现他的妻子很少抱怨了，笑容也开始多了起来，偶尔也会开始化妆，将自己好好打扮一番，还总是会给他做他喜欢吃的菜，仿佛又回到了曾经的可爱模样。

朋友很惊喜，惊喜于他们的婚姻更和谐了，也惊喜于自己爱的那个人又回来了。

改变这种事，人很少因为强迫而改变，却很容易因为被爱而改变。自己先改变了，对方才可能跟着发生改变。

❀

可能有人会说，凭什么要自己先改变而不是对方，万一自己改变了，对方依旧还是那个样子，那又该要如何是好，自己的努力岂不是白费了？

其实，既然是自己的另一半，就没有必要总是各种计较先后顺序。总是在计较，是不适合和别人一起生活、不会有好的感情的。自己的努力是为了有一个更好的以后，并不只是为了对方。

自己先做出改变，并不会显得自己就输了，感情中从来都没有单独的输赢，有的只是都赢了，或者都输了。

理智点，感情变好了，你自己往往也会是受益者。

而大多数时候，当你先做出了改变，对方也不会无动于衷。

你懂得给对方倒上一杯水，对方会很乐意给你洗一个苹果。

你愿意为对方买回去一些喜欢的糕点，对方也会准备几个你爱吃的菜。

你甘愿为维系你们的关系做出一些妥协，对方也不会只让你一个人去承受。

婚姻好与不好，经营很关键。对方是什么样子，有时候真的就取决于我们的态度。

不必总想着万一尝试了没有用，何必想那么多，反正也不会更糟糕了。行与不行，光靠想是没有意义的，去做了才知道，只管去行动就好。

一些微小的改变，坚持下去，也许真的就可以见证奇迹发生，让一切都变得很不同。

比较好的沟通方式

人与人之间的交往从来都不是一件容易的事。

同事之间,会各有心思,朋友之间,未必总是可以达成一致,恋人和夫妻之间,也总是会存在各种各样的问题,会发生很多的矛盾。

两个人在一起,相爱容易,相处太难。有时候,彼此本来没有多大的问题,可能一句话就可以解决的事情,但是因为不会沟通,不能好好说话,总是会将问题无限放大,闹得不可开交。

认识一对情侣,每当吵架了,女方就不接电话,不回消息,有时候还会直接拉黑对方的联系方式,说自己想要静一静,暂时不想搭理对方。男方总是四处找她,各种找她和求和,常常也无济于事,整个人焦头烂额的。

见过一对夫妻,妻子不管说什么,老公只会习惯性反驳,哪怕只是说一句不要把衣服乱扔,老公也会很不高兴,然后开始各种数落妻子的一些行为,以此来找回自己的颜面。

身边一位朋友,她从来都不主动表达自己的需求,但是当对方没有让她满意,没有送她自己想要的礼物时,她就会直接赌气。

遇到过一位读者,她很关心她的老公,但是每当对方应酬回来晚了,她明明煮了解酒汤一直在等着,开口却成了还知道回来,干脆别回来了,老公听后也会怒气冲冲,说自己那么拼命都是为了什么,房子是自己的,自己当然要回来,两个人时常不欢而散。

总有人习惯性拒绝沟通,总有人时常都在对抗和指责,总有人一心希望自己不说对方也可以懂,总有人口是心非不懂好好说。两个人只是用对立的模式在相处,可想而知,彼此的关系会很糟糕。

总是选择消失的那对情侣,女方常常不好受,男方也总是觉得筋疲力尽;朋友经常很难过,她的男朋友却有些不知所措,不知道自己究竟哪里没有做好,应该怎么办;充满了对抗的那对夫妻,两个人关系总是很僵,谁都没有办法认真听谁说话,彼此之间的火一点就着;那位读者和她的老公,明明心里都很在意对方,却总是词不达意,都觉得很疲惫。

原本是那么亲近的人,结果日子却过得很糟心,相互都觉得很累。

❀

在这其中,我们不难看出来,比起沟通,他们更多地是在发泄情绪。比起说事情、解决问题，他们更多是在表达自己的不满，在激怒对方，让对方难堪。

结果，情绪发泄了，都难受了，但是问题并没有解决，关系还出现了裂痕，谁都不会想要这样的结果。想要改变这样的局面，懂得倾听、好好说话、直接说出自己的想法、只是就事论事，这很重要。

出现问题时，不要冷战、不要消失、不要有那么多的情绪，和对方好好探讨一下眼下这件事，让彼此能够达成一个和解，将事情翻篇。

对方说的话，有道理的时候就不要总想着对抗，还去各种挑事，适当按照对方说的来并不会丢面子，也并不会显得没有自尊。

心里有什么想法、自己想要什么、希望对方怎么样，请直接告诉对方，不要让对方去猜。对方真的猜不到。何必为难自己，又何必去为难对方？并不存在说了才做就显得没有诚意，只要说了对方办到了，那其实就很好。

如果明明很关心，很在意，很担心，请直接表达出来，说一句辛苦了，希望对方可以不要那么辛苦。自己不要那么扭捏，甚至非要说一些很难听的话。

我们时刻都要记住，那是自己的爱人，并不是敌人，自己应该善待。都要有一颗愿意沟通的心，都要学会处理自己的情绪，都要懂得直接说出自己的需求；有问题了不要拖，直接当下解决，过去了就直接放下。

没有不会出现冲突、不会吵架的两个人，有问题并没有什么关系，争吵也并没有什么可怕，只是在这个过程中，要柔软一些，不要只是无效争吵，吵着吵着就变成发泄自己的不满，甚至忘记了彼此究竟为什么而吵，不仅没有解决眼下的事，又生出了新的事端。

要始终以解决问题为基础，要始终以关系和谐为目的。

没有必要总想着要赢过对方，总想要对方低头，那并不重要，感情才是最要紧的。

要多包容、多迁就、多体谅，一起为了这段关系而努力。

完全不同的两个人在一起生活从来都并不容易。彼此也未必可以一下子找到一种很好的相处模式，没关系，只管慢慢来，只要都用心，那么渐渐地，吵着吵着，自然就会更加懂对方，也懂了该如何去经营，在成全对方的同时，自己也会变得幸福得多。

要看见对方的付出

❀

越喜欢一个人,我们往往就越愿意为对方付出。越喜欢我们的人,就越会对我们舍得。为爱付出,为对方做些什么,这是一件很美好的事。只不过,这份付出并不该被无视,需要被看见,被珍惜,被善待。

身边一位女同事失恋了。

失恋的原因也并不是身边出现别的人,不过只是她男朋友说自己累了。

在他们那段关系中,所有人都看得很清楚,一直都是那个男人在追着同事跑,经常对同事嘘寒问暖,接送同事上下班,为同事订外卖,送同事喜欢的礼物,等等。

那个男人对同事真的是特别好,这一度让好些人羡慕不已,只是同事对他刚开始那会儿还挺感激的,慢慢地习以为常后,开始对他呼来喝去,各种冷漠,嫌弃他送的东西不够好,觉得他很多事情都做得不够到位。

同事一直以为,既然对方喜欢她,就应该对她好,对方做的那一切都是他心甘情愿的，自己没有必要想太多，安心接纳，好好享受就好。

她一直很心安理得，但只是一直在享受对方的好，从来都没有主动为对方做些什么，觉得感情就该这样。不承想，当她又一次冷落对方，不接电话不回消息，跟别人在外面疯玩，还说对方凭什么管她后，她终究还是失去了这个对她十分好的恋人。

被一个人爱着的时候，我们总是会习惯性地把对方的付出当作理所应当，殊不知，这个世界上，并没有任何感情是理所当然的。

❀

每个人出生的时候都是一个独立的个体。

小时候，因为我们年纪小，所以家人会无条件呵护着我们，但是随着我们渐渐长大了，来到了这个偌大的世界，这时候就没有人有义务照顾我们了。

比起很多人对我们好，我们更会遭遇到很多的恶意，以及很多的钩心斗角。

在这样的环境中，想要和谁建立一段深厚的情谊，我们什么都不做必然是不行的，在别人对我们示好，对我们付出的同时，同样也需要我们去为对方付出一些。

人与人之间的感情，永远都是相互的，当我们先对一个人好，对

方若是没有任何回应，我们必然不会一直傻傻付出，只会收回自己的心意。当一个人对我们好，我们若不珍惜，对方也不会一直付出。一个人可以对我们很好，也完全有可能随时收回自己的好。

没有人天生就有义务对谁好。仅一方在维系的关系很难长久，所有能够长久的关系永远都需要彼此双方一起去维护。

好的感情，都要付出，也都要懂得感恩对方的付出。

遇到过一对夫妻，刚结婚那会儿他们都有工作，回到家里往往也是一起分担家务，彼此之间并没有什么大的矛盾，相处得还算不错。

生了孩子以后，妻子辞了职在家带孩子，老公一个人负责赚钱，换了一份收入相对较高，但是更忙、应酬更多的工作，常常都回家很晚，还总爱加班。

从那以后，两个人经常吵架，妻子指责老公很少在家，都不知道为自己分担，陪陪自己和孩子，回到家里总是什么都不做，就只知道玩手机；老公则是觉得妻子没有上班，对家庭又没有什么贡献，不过就只是带孩子做家务，何必那么矫情，还总是让自己怎么样。自己上班很累了，回到家就想好好休息下，不要没事找事。

他们都是为了那个家，都在用心付出，但是他们都觉得很委屈。

因为他们都只看到了自己，老公只看到了自己的忙碌，妻子只看到了自己的辛苦，要是老公能够认可妻子对家庭的付出，感谢她暂时放弃工作，把家里打理得井井有条，还把孩子照顾得很好，老公偶尔在家时也分担一些，适当陪伴，妻子能够体谅老公工作的不易，感谢他支撑起这个家，能够经常关心一下，说些体己话，他们的婚姻大概会很不一样。

　　再亲密的关系也该懂得感激，看见自己，更要能够看见对方。
　　总是看不见对方，只是看到自己，自说自话，不被对方所承认，结果会让人觉得很寒心，觉得自己做这一切似乎并没有什么意义。
　　也只有都能够肯定对方的付出，都能够懂得为对方考虑，而不是习惯性觉得对方就应该怎么样，对方所做的一切都是理所应当，关系才会更加融洽一点，日子也才会更好过一些。
　　男人也好，女人也好，每个人的心都是很脆弱、很需要被呵护的。
　　别总是盯着对方没有做好的地方，多看看对方的付出，然后再根据对方的需求适当调整下自己，尽可能再多付出一些，多为对方、为这个家再做点什么。
　　都好好付出，都心怀感激，才会有一段更加不错的关系，会很温暖，很值得，双方都很喜欢，觉得很幸运，也很幸福。

怎么处理好
婆媳关系和亲子关系

❀

　　一生中，我们都需要处理各种关系，自己与自己的关系，自己与身边人的关系。

　　结婚之前，一切还会显得简单一些，而结婚之后，一个家庭中的夫妻关系、婆媳关系、亲子关系等，每一段关系，都并不是那么容易处理好。

　　好些时候，一个人既没有处理好夫妻之间的关系，也没有处理好婆媳和亲子之间的关系。

　　问题的关键，与其说是因为各有各的脾气，不如说是身处婚姻中的两个人没有弄明白一些事情，也没有做到理智处理家庭间的问题。

　　走进婚姻以后，总有男人以为自己的妈不容易，不能对不起她，而媳妇没关系，即使没有了，也还可以再娶。总有女人以为，老公并不是那么重要，孩子才比较重要。

不管是男人偏向自己的家人，忽视女人，还是女人只是顾及孩子，总是晾着男人，那样的关系终究不好，很难有什么幸福可言。

身边一位朋友，结婚之前，她的男朋友说自己很孝顺，希望她也孝顺，她觉得这个男人很不错，也说孝顺父母，那都是应该的。

哪承想，她以为的孝顺是好好对待父母，陪伴他们，关心他们，为他们养老，但是男人所谓的孝顺却是，在她和他妈之间她必须无条件听他妈的，即使他妈错了，她也不能顶嘴。

在那样一段婚姻中，她婆婆经常故意为难她，以展示自己的家庭地位，她稍微有点什么没做好，对方就给自己的儿子告状，而她的老公也总是会维护他妈，不分青红皂白地指责她。

刚开始，她还会为自己据理力争，久而久之，她却发现一切都无济于事，于是她干脆就死了心，觉得自己不过是一个外人，再也没有办法信任这段关系了。

这时，作为老公，如果你不懂得好好爱护自己的妻子，也不懂得好好调节婆媳矛盾，只是一味地站在自己爸妈那边，妻子当然很难有什么幸福的感觉，只会觉得很委屈。

那时候，她融入不了这个家，你们的感情当然不会好，你们的家自然也很难和谐。

❀

在很多的家庭中，女人一旦生完孩子，不自觉地就会把很多的精力转移到孩子的身上，总是一心陪伴着孩子，希望不要错过孩子的点点滴滴，还会觉得给孩子再多都不够。

到了这个阶段，老公对妻子的感情也早已经不像当初那般浓烈，自那以后，也开始变得就只是看着孩子，不再那么在意夫妻之间的关系了。

诚然，照顾孩子从来都不是件容易的事情，那需要花很多的时间，需要拿出很多的精力，需要费很多的心思，也需要操很多的心。但是即使如此，夫妻双方也一定不能因此就忽略了彼此，把感情全部都倾注在孩子的身上，总是觉得自己有孩子就足够了，一心只是为了孩子而活。当你们这样去做，夫妻感情往往会变得越来越糟糕，貌合神离。

这一生，父母会年老，孩子会长大，能够一直陪在自己身边的始终都还是自己的伴侣。

是你们要一起过一辈子，是你们要在年老时依然还是彼此的伴，因此，你们当然要爱孩子，但也一定不能忘了彼此，要好好维护感情，让以后的你们可以更好地相互支撑。

偶然认识的一位朋友从小就成长在一个父母关系很好的家庭中。在家里，她的爷爷奶奶会给予她的父母完全独立的空间，从不会对他们过多干涉,她的父母也并没有把时间和精力都给她,还是会顾及彼此。

因为成长在一个如此温馨的家庭中,她整个人都十分明媚、自信、勇敢,不管遇到什么事情都总是十分乐观积极,遇到喜欢的人更是会很主动去争取。

在她的身上,深刻地印证着那句话,不幸的人一生都在治愈着童年,而幸运的人一生都被童年治愈。而带给她这一切的,不是她家有多么好的条件,不过只是她有着一个很和谐、温暖的成长环境。

❀

总有人觉得父母对子女的教育是给好多的钱,不要缺了物质。可其实,最宝贵的永远是精神方面的支撑,给孩子一个充满爱的家庭,孩子的爸爸爱妈妈,妈妈也爱着爸爸。

有句话说,女人是一个家庭最好的风水,知名心理学家曾奇峰说,夫妻关系是家庭的定海神针。事实真就是如此,夫妻关系决定着女人的样子,女人决定着一个家庭的氛围,唯有夫妻关系好了,孩子的成长环境才能更健康一些,家里三代人的感情也才能更融洽一些。

夫妻关系,婆媳关系,亲子关系,其中,夫妻关系永远都该是第一位的。正所谓家和万事兴,家和最主要的就是夫妻关系和睦。

一个家庭中，如果夫妻关系都不好，你们彼此都不幸福，那么也很难有爱别人的能力，你们这个家基本上也不会融洽。

和谐的家庭环境中，女人要懂得体谅男人，夫妻同心，齐心协力；男人要懂得站在女人这边，成为女人最坚实的后盾，给予女人一份偏爱，让女人融入这个家庭，并且感受到幸福。

夫妻感情好了，对双方父母，就一起尽孝，尽到一份应尽的责任。

至于孩子，孩子是爱的结晶，但是孩子却不是附属品，夫妻感情较好，能够给孩子一个充满爱的环境，让孩子健康成长，长大后就只管让孩子飞向自己的天空，去走自己想走的路，去创造自己想要的生活。

Chapter 07

失恋后,别做傻事

分手，那很正常

❀

刚刚和一个人在一起的时候，我们时常是满心欢喜，总是期待着可以和对方一起走到最后，走到结婚的那一天，走到岁月的尽头。然而走着走着，我们的心未必会那么坚定，彼此的感情也未必还会那么和谐。

一不小心，就来到了分手的那一天，就失去了那个人。

对于分手，有的人把这看得很轻，有的人却看得很重。

认识一位姑娘，她二十五岁，是第一次恋爱，也正因为是第一次，所以她很认真，几乎是投入了百分百的热情，一心盼望着可以和对方有一个好的结果。

只不过，虽然她是这样想的，但是随着在一起的时间久了，慢慢地她发现对方对她越来越敷衍，根本就不上心。她的男朋友经常可以一个星期都不主动找她，就算她主动了，他也只是说自己很忙，让她没事不要打扰自己。

她感觉到对方的心根本就不在自己身上，问对方是不是不想继续了，她才稍微说了一句，对方就直接提了分手，说以后不要再联系了。

生气的是她，然后舍不得、很难受的也是她。她说自己其实是想要一辈子的，并没有想过有一天要和对方分手，有些没有办法接受这样的结局。

和一个人在一起后就想要将这一段感情进行到底，这是很不错的态度。对待感情，我们可以抱着这样的想法，但是我们也一定要懂得，很多时候，并不是我们想要和对方一起走到最后，就真的可以做到。

一个人为什么要谈恋爱，终极的目标是为了结婚，但是在那之前，不过是和对方尝试看看，看彼此究竟是不是一路人，是否是自己想要的。

有时候，就算我们和一个人最开始是相互喜欢，也真的谈起了恋爱，彼此经过一段的相处后，也未必就会觉得这是自己想要的归宿。甚至到了后来，不仅不喜欢了，还会非常不待见对方，一点都不想再有所往来。

并不是每一段感情都能恰如初见。最初时感觉很好的人，若是相处下来依旧觉得好，那么这段关系自然会一直持续，要是后来并不是那么契合，我们有说分手的权利，对方自然也有。

感情本来就是可能会分手的，在感觉很不好，明显很辛苦的时候，放手比将就其实更好。而爱情也从来都不是一生只爱一个人，无论如何都要守着对方，不同的时期，我们可以有不同的选择，只要在爱着一个人的时候一心一意，这就可以了。

❀

接触过一位读者，当对方跟她提了分手以后，她一直痛哭流涕。

她觉得这样的自己很失败，感觉自己是被对方抛弃了，一度很怀疑自己，还认为是不是自己不够好，做错了什么，所以对方才会这样对自己，完全无法接受分手的事实。

一边很痛苦，一边很自责。

失去一个人，那确实很容易让人有些崩溃，在这时候懂得去总结和反省是一件好事情，但是我们却也不必把所有的过错都往自己的身上揽，轻易就去各种责怪自己。

人要懂得自省，但是也不必过于反省，甚至是自责。

在感情当中，并不是我们足够好对方就一定会对我们好，不会去伤害我们，会一直和我们好好的，始终都陪在我们的身边。总有人还会有别的想法，还一心想要有别的选择。即使彼此之间相处得还可以，也依然可能会选择放弃。

真到了那一天，就算是对方提出的分手，那也并没有什么关系，你真的不必为此耿耿于怀，觉得自己被抛弃了，被甩了。你们不过是分开了，结束了而已。

　　分开这种事，谁先说其实都没有什么要紧的，结果都一样。

　　两个人相爱，彼此能一直爱下去，这固然很好，就算不能，那也并没有什么关系，那不过是一种常态，一件很正常的事情。正常到每个人都可能会遇到，每一分每一秒，也都有人正在经历着。

　　不丢脸，也并不失败，甚至根本就没有什么大不了的。

　　恋爱中，喜欢一个人就该去争取，相爱了就不该轻易放弃。但是如果彼此真的不合适，对方非要离开，也不必勉强，要懂得成全。

　　尽管在心里默默告别。再见，再也不见。

　　忘了，放了，算了，就到此为止，就这样了。

失恋后，别做傻事

❀

我们听过很多道理，但是很多时候，却依然还是会不知道该如何过好这一生。

人总是这样，在分析别人的经历时无比理智，总是能很好地劝说别人，但是一旦事情发生在自己的身上，瞬间就失控了，不知道该怎么办了。

就像有时候，我们明明知道在失恋后，应该尽可能地让自己理智，不要做出一些过激的行为，但是很有可能一旦陷入悲伤，就全然忘记了什么才是正确的，根本就不懂得控制自己，还很容易做出一些没有办法挽回的傻事。

一位姑娘，在男朋友跟她分手之后，整个人特别气愤，一直嚷嚷失去自己是对方的损失，别以为自己没有对方就不行，自己可以找到更好的。

怀着这种心态，一心想要让对方好看，她很快就和另外一个男人将婚事提上了日程,还专门给前任寄去了喜帖,在前任面前耀武扬威,一副自己赢了的样子。

结婚并不是因为喜欢,不过只是想向前任证明自己,还想让前任后悔。

她以为自己一定可以让前任难堪,但是对方却无动于衷,还淡淡地跟她说了一句恭喜,反而是她结婚以后整个人状态都不好,过得也并不好。

没有报复到对方,也并没有因此感到舒心,反而迷失了自己,自己更加难受了,耽误了一个无辜的人,还让自己匆匆进入了一段不想要的婚姻。

总有人喜欢用赶紧找一个的方式去还击,殊不知,当对方选择了离开,此后你是什么样子,对方根本就不会在意,你不过只是在拿自己的人生开玩笑。

没有人值得我们这样去做,失恋后,比起赶紧抓住一个人,反而更该让自己冷静下来,不要随便和任何人在一起,不要随便进入一段关系。

不必拿自己作为筹码报复,更不必因此而怀疑人生,想着放弃自己。

身边一个年轻的男孩子,在失恋后,他觉得自己的天都塌了,他各种求和,对方都并不愿意再给他一次机会,最后他万念俱灰,选择了轻生。

他想要用结束自己生命的方式去结束自己的痛苦,可是后来,他纵身一跃后，生命保住了，却留下了终身的残疾，变得更痛苦了。

当父母匆匆赶来时，看到父母撕心裂肺的那一刻，他终究是悔不当初。

在失恋后选择放弃自己，放弃生命，你以为自己很伟大，是把生命献给了爱情，可是这样的行为不仅不伟大，甚至还很幼稚，对自己很不负责任。

爱情固然是生活中很重要的一部分，但是爱情从来都不是你生活的全部。在这个世界上，没有任何人，也没有任何事，值得你自暴自弃，去放弃你自己。

❀

爱你的人未必值得，一个不爱你的人更是不值得。

生命只有这一次，无论如何都务必要好好活着，为了自己，为了家人和其他那些在乎自己的人。当下虽然看起来并不怎么样，有点难，但是一直走下去，总会有好事发生。

还听过一个故事，也是一个姑娘，她在对方的身上付出了所有，最后对方却放弃了她，她太不甘心了，还直接想要和对方鱼死网破，同归于尽。

后来，对方受了伤，好在并没有太大的问题，但是她却为此失去了自由。

当自己的生命轨迹完全被改写,她整个人都蒙了,这才后悔当初不该那么冲动。

为了一个不爱自己的人,把自己搭了进去,那终究太愚蠢了,本来她还年轻,还可以有着无数的可能,但是因为一个不爱她的人把自己困住了,还落下了终身的污点。

在一段感情结束的时候,我们的情绪难免会很不好,但再不好也一定要好好控制自己。不要随便和一个人在一起,不要想着放弃自己的生命,也不要去伤害对方。

失恋而已,没有什么大不了的。失恋并不意味着你的生命就此失去了什么必不可少的东西,不过只是失去了一个原本就不属于你的人。

尽情好好吃饭,好好睡觉,好好生活,多给自己一点时间,让自己慢慢好起来。

不放弃自己,好好去活,终有一天,你会成为更好的自己,还会拥有一份更好的爱情。

等到那一天,再回过头来看看曾经,你不但不会遗憾自己失去了对方,反而还会觉得庆幸,正是因为失去了,才遇见了更好的人,有了更好的人生。

爱过谁，都不必后悔

❀

生活总是充斥着太多的后悔。

后悔晚出门了一分钟，没有赶上公交车；后悔买东西时没有看日期，结果快过期了；后悔爱上了一个人，最后自己却输得很惨。

身边一位朋友，起初的时候，她对一位同事一直很着迷。

她认为对方很有能力，也很独立，一路走来都没有靠过家里，全部都是靠自己，不过才二十七岁，就凭借自己的能力有了不错的工作和发展，买了房子，在城市立住了脚跟。

她很欣赏这样的人，而对方在察觉到了她的喜欢后，也时常跟她很暧昧。

本以为对方也很喜欢她，彼此会有着一段不错的感情，偶然间她却发现，对方其实已经和另外一位同事结过婚了，两个人是隐婚状态，只是并不曾公开。

得知对方已婚的事实后，想起对方还一直在她面前装单身，对她有过的那些亲密举动,她整个人都不好了,瞬间悔恨交加,后悔自己识人不清,更后悔自己竟然喜欢过对方。

喜欢一个人,难免会有那么些时候,起初时我们很喜欢,后来才发现对方这个人根本就不行,自己完全就是痴心错付,喜欢了一个不该喜欢的人,还会觉得这份喜欢有点恶心到了自己,会质疑自己为什么会喜欢上一个那样的人。我们可以有那样的感受,只是也没有必要一直为此责怪自己,陷在后悔的旋涡当中。

与人来往,如果我们不曾走近一个人,不曾去了解一个人,不曾去投入自己的喜欢,我们根本就不会知道那个人到底什么样,自己的感情又究竟是对是错。

人都是多面的,有时候仅仅只凭外表以及一些基础情况,我们根本就没有办法真的看出来对方是一个怎样的人,而在真的喜欢了、接触了过后,发现对方跟想象中不一样,并不值得自己喜欢,就算这份喜欢会显得有些不堪,也并没有什么大不了的,谁都难免会犯一些错误,谁都难免会一不小心看错了人。

没有必要因此怀疑自己,总是希望这件事不曾发生,只管接受,及时收回自己的喜欢就好。及时看清楚,及时止步,总比一直傻傻喜欢,一直被蒙蔽要好。

❀

我还遇到过一位姑娘,大概是从小比较缺爱,所以别人稍微对她好一点，她就会各种奉献自己，各种投入，恨不得把自己所拥有的全部都给对方。

陆陆续续地，她有了三段感情，但是无一例外，每次她都拿出自己的所有，但是每次都很快就被对方放弃了，一直没有得到想要的爱。

当第三段感情结束后，回想起曾经的种种，她突然就有些后悔，觉得那三个人根本就不曾真心对待过她，也认为自己不该那么草率，不该那么快就赶紧想要和谁在一起。

她开始觉得自己曾经的行为很傻，还白白浪费了自己好多的感情。她一度很后悔，后悔自己爱得那么痴狂，也后悔自己开始了那几段感情。

也是在这次过后，她开始总结教训，再也没有刻意地靠近谁，而是学会了放慢节奏，再也不会在还没有感受到一个人的诚意时，就将自己和盘托出，而是也开始学会了去分辨真心，去判断对方是不是喜欢自己，值不值得自己喜欢。

她成长了，懂得爱自己了，也更加知道该如何去对待感情了，后来还收获了一份不错的爱。

犯错，爱错，都不是什么好事情，但是人也总是需要摔一些跤才能学会走路，总要先经过一些摸索才知道究竟该如何去爱，该怎样去识别遇见的人，什么样的人比较适合自己，自己真正想要的到底又是什么。

错爱的人，分开过后，我们不必总是想着如果自己不曾遇见过对方、不曾爱过对方该有多好，总是拒绝承认自己爱过对方的事实。其实这会是一种折磨，会让自己一直无法安宁。与其一直不愿意接受自己的那段经历，总是为此伤神，不如就一笑置之，别再当回事。

或许对于后来的我们来说，当初那样很傻，很不应该，但是对于当时来说，那却是自己的心之所向，是自己真正想要的选择。我们不必总是用后来的自己去审视曾经的自己，然后一直悔不当初，只管接纳当初的自己，以及曾经所发生过的一切。

不管爱过谁，当曾经已经成为事实，并没有办法撤回，我们都不必后悔，好的，坏的，那都是经历。也正是过往所经历的一切让我们不断成熟着，逐渐成了一个更好的自己。

人生短短几十年，我们没有必要让自己一直活在悔恨中，重要的是要让自己不在同一个地方一直跌倒，不要再一直犯着同样的错误。

生活从来都不可能事事如意，我们每个人其实也都是在不断摸索中前进。在这条道路上，我们要允许自己犯错，要允许自己做得不够好。

尽管接纳所有过往，然后带着这所有的经历继续出发，好好往前走吧。

别花力气去恨一个人

❀

感情的事,常常是爱之深,恨之切。

爱一个人时,对于那个人,我们的内心全是满满的喜欢,恨不得为对方付出自己的所有,不管给了对方多少都觉得不够。但是一旦有一天,对方辜负了我们,我们就会收回所有的爱意,那份喜欢甚至还可能会化为数不清的恨。

大概曾经有多么爱,后来就会有多恨,恨自己那么好,付出了那么多,对方却不懂得珍惜。

心里满是怒火。

人非圣人,难免有时候会失去理智,心里不平衡,只是纵使再怎么想不通,也最好不要花太多的时间和太多的力气去恨一个人。

接触过一位姑娘,在好些年当中,她一直都恨着她的初恋,那个当初欺骗她,只是把她当作备胎的男人。

她说她始终都想不明白,自己那么爱他,把钱都花在了他的身上,他却骗自己,一边和自己说着未来,一边又和别的人聊得火热,她才质问了一下,他就直接消失了。

那个男人离开后,她一直都没有从中走出来,时常会想起那些事,越想越生气,越想心里越不平衡,对那个男人恨得牙痒痒,总觉得对方还欠自己的,经常为此心情十分低落,还常常在夜里无法入睡。

把心思用去恨一个人,你恨的那个人未必会有什么感觉,但是你自己一定会很难受,很煎熬,根本不得安宁。好些日子里,对方早已忘了你,你却一直意难平,那实在是太耽误自己了,也完全没有必要。

在过去,那个人已经让你的日子显得那么灰暗了,你实在是没有必要还一直让对方影响着你的现在,让你的岁月始终都那么不堪。

不好的人,不愉快的事,一直记着、提醒着自己,这真的不是什么好的处理方法。

终其一生,有且只有这短短几十年岁月,我们的感情是有限的。我们要把自己的感情给到值得的人,而不是一直浪费在不配的人身上。

❀

比起上文这位姑娘,我的一位朋友结束了一段长达五年的感情时,整个人却很平静,虽然对方挺对不起她的,但是她却表示自己并不恨。

记得她曾说，当初的喜欢是自己愿意的，在这期间自己也曾快乐过，既然是自己的选择，那么自己就去承担起后果，没什么大不了的，也没有什么好怨恨的。

有人替她不值，问她难道就这样放过对方了，要不要去讨一个公道，她却说，不是放过对方，是放过自己，恨太费力气了，人生短暂，她不愿意把自己有限的生命用去恨一个人。

确实，虽然是不欢而散，但是在曾经的某一段岁月里，毕竟是真的很喜欢。

在爱情中，我们有多真心，往往就会希望对方同样也有多真心，这是很正常的，只不过很多时候，我们可以决定自己，却并没有办法决定别人。

和一个人在一起的时候，你或许是真的很认真，也付出了很多，对方也真的很对不起你，但是说到底，那些付出终究是你自己心甘情愿的。

既然当初是你自愿喜欢，自愿付出，那么就坦然接受结果。

本来就不是每一个开始都能有一个好的结局，并不是每一段感情都能犹如初见，所有好的、不好的，就让一切全部都随着结束而飘散吧。不是为了别人，而是为了自己，让自己不必始终沉浸在不开心的过往中。

人生路漫漫，总是惦记着过去，甚至总是想着那些伤害我们的人和事，一直心怀恨意，那么我们过不好的不仅仅会是过去，甚至还会是现在和未来。

　　为了一个不值得的人，一段不值得的过去，再搭上自己的当下，那实在是很没有必要。

　　与其总是心怀恨意地活着，让自己活得一点都不开心，不如就和过去好好告别，把对方请出自己的生命，请出自己的记忆，把完完整整的自己重新归还给自己，然后将自己的精力聚焦当下，让现在的自己活得更开心一点。

　　不要一直回头看，那并没有什么必要。
　　也从来都没有什么比把当下的日子过好，让自己心中比较畅快，来得更重要。

成为一名合格的前任

❈

前任，也曾是自己放在心尖尖上的人。

当初很喜欢，很希望有一个结果，只是后来，彼此终究是走不下去了。

当过往以往，一切都已经过去，没有办法再重来，彼此也不会再有未来，不管当初再怎么相爱，前任也不过成了一个路人，彼此再也没有了任何关联，也没有了任何瓜葛。

这时，一段感情失去了，结束了，对方该有新的开始，我们也是。我们不该让自己再被过去所扰，应该让自己尽快走出来，同时也有义务让自己成为一名合格的前任。

身边一对情侣，分手以后，男方不甘心两个人就这样分开了，还一直以各种理由去找女方，让对方把礼物还给他，把自己曾经花的钱还给他。

即使对方还了，他还是不甘心，总是给对方发骚扰信息，偶尔还跟踪对方，去吓对方。

尤其是得知对方又恋爱了，他更是一下子不愿意了，完全无法接受对方比他先恋爱，一点都不愿意让对方好过，变本加厉地给对方留言，说很难听的话。

对方不搭理他，直接无视他，他又直接跑到对方现任的跟前去乱说话，在他们约会的时候故意去捣乱，一心想要让他们成不了。

总有人明知道不可能了，还喜欢去纠缠，这样的纠缠真的很没有必要，对方会觉得很烦，自己也并不会好过，还会显得很掉价，让对方甚至后悔自己曾经爱错了。

失去了，注定不会有未来了，何必还一直往对方的跟前凑。与其一直想要让对方难堪，不如放下这段感情，让对方有新的可能，也让自己有全新的开始。

毕竟是自己爱过的人，纵使无法成为伴侣，也没有必要反目成仇。早点从对方的生活中消失，对对方好，对自己也会是一件好事。

反正，别去纠缠，更不要去诋毁。

❀

曾经就职一家公司的时候，办公室有一对情侣，两个人刚开始挺好的。

后来谈结婚的事情没有谈拢，关系直接破裂了，在那之后，男方一直在同事面前贬损那个姑娘，把姑娘说得很不堪，一副都是对方对不起自己，自己是受害人的样子。

在他的诋毁下，姑娘直接选择了离开。后来他又喜欢上了公司的另外一个姑娘，只是当他追求的时候，对方却直接拒绝了他，完全没有给他任何的机会。

他不明白原因，问了才知道，原来对方听说了他对待前任的种种，在背后说前任的坏话，表示无法相信他，怕自己会成为下一个。

一段感情中，前任确实会有一些做得不好的地方，即使如此，我们也最好不要去诋毁，去各种嚼舌根，去中伤对方。

前任固然有错，我们肯定也有，一味地去指责对方，那未必会让人同情我们，站在我们这边，反而只会让人对我们很有看法，觉得我们这个人并不怎么样。

那是自己的私事，就不要拿出去说了，好与不好，都已经分开了，就只管自己消化，全都忘了，要有那样的风度，也要有那样的气概。

这样的我们反而才更加容易赢得别人的认可和青睐。

当然，分手后也没有必要还一直去关心对方，还想要做朋友。

遇到过一对情侣，两个人分开后，女方结婚了，男方还是单身，然后在某一天两个人偶然遇见，彼此一笑泯恩仇，那些过往早就释怀了，很好奇对方现在过得怎么样，甚至有些怀念曾经，很想要可以时常说说话，保持联系。

后来他们又联系上了，经常聊天，相互问候，有时候还单独见面。

虽然没有发生什么，但是这件事被女方的老公知道后，对方很不乐意，两个人一度闹得很僵，还是后来女方保证不再联系，事情才过去了。

作为过去的恋爱对象，当彼此已经不是恋人了，最好就不要再过多参与对方的生活。

都是单身时不要再去打扰对方；当有人不是单身了，更是要懂得远离。

经常联系很容易出现问题，就算彼此真的没事，现任也会介意，那也会影响后来的关系。

不如一别两宽，不要再去打听对方过得好不好，也不要再出现在对方的生命当中，就算不小心撞见，或者有事需要联系一下，也要懂得避嫌，尽量少接触，别来往过密。

一名合格前任该有的样子，是不再出现在现在。

不谈亏欠，一别两宽，就消失得彻底一些，和对方再也没有任何的交集。

从此，我们是我们，对方是对方，是完全不相关的存在，各自投入自己的生活，各自奔赴自己的前程。

始终放不下一个人怎么办

❀

  大千世界，人来人往，这一生中我们都会遇到不少的人。

  在这其中，不少的人出现在我们的生命里，来了又走了，我们根本就不会有什么感觉，甚至会很快忘了他们，忘了他们的样子，甚至忘了他们曾经来过。

  太多的人，对我们而言都不重要，也很好遗忘，然而，却也总会有那么一个人，对我们而言是不一样的，无论如何我们也都放不下，忘不了。

  哪怕彼此曾经相处的时间并不长，哪怕时间已经过去了很久，对方的一切也依然清晰地印在我们的脑海中，我们一刻也都不曾遗忘。

  有那么一个人出现，这是一件幸事，至少我们的生命并不是那么空白，但是那同时也是一件很不好的事，因为每当想起时，我们总是会有些落寞。

  好遗憾，那么喜欢，竟然并没有在一起，甚至都没有再联系。

在你的生命里，如果也有一个这样放不下的人，其实也不必一直逼迫自己忘记。越是逼迫，反而越是容易适得其反，不如就顺其自然，甚至还可以去做点什么。

曾经的一位同学，一直到二十六岁她都还没有谈过一次恋爱，因为在她的心里一直住着一个人，那就是在高中的时候她喜欢过的同桌。

那时，因为年纪小，专注于学业，所以并没有挑明，就只是暗恋而已。

毕业以后，她留在了家乡，对方却去了别的城市上学，还留在了那座城市上班。

两人之间并没有太多的联系，只是她一直都念念不忘，甚至还知道对方也是单身。

后来，实在不愿意一直这样下去，她尝试着去联系了对方，意外得知对方正准备回来，以后打算留在家乡，也就是和她一个地方。

他们很快见了面，对方还主动对她示好，表示也一直很喜欢她，两个人就这样在一起了。

总有一些念念不忘，在我们念着对方的时候，对方也在念着我们。所以，如果还来得及，如果都还是单身，不妨就联系看看，看彼此会不会有一个可能。

说不定，你一直等着的人也在等待着你，你可以不必一直那么辛苦。就算没有，联系一下，知道了对方的意思，也才更容易释怀，可以给自己的喜欢画上一个句号。

互相放不下的人，还有一个相爱的机会，还能终成眷属，这是一种莫大的幸福；只是有时候，我们和放不下的那个人早已经没有了一个可能。

也许是对方根本就不喜欢我们，也许是早就没有了一个身份。

❀

有一位姑娘，和前任分开以后也是一直放不下，只是她知道前任已经有了新的恋情，这段感情早就已经无法回头了，彼此并不会有以后，所以她就只是自己默默想念，并没有去做些什么，也并不打算做些什么。

她也曾沉沦了一段时间，那段时间辞了工作，天天待在家里，整个人郁郁寡欢，特别颓废。后来的一天，当看见镜子中的自己面容枯槁，她突然觉得好陌生，觉得不能再这样下去了，于是重新找了一份工作，又开始去跑步、看书，报了一个学习管理的培训班，经常和朋友聚餐。

她让自己的生活变得忙碌又充实，又过了一年，当她再次慢下来，看着升了职又变得更加自信的自己，她发现自己内心的伤口仿佛已经愈合了。

虽然偶尔还是会想起前任，会有点想念，但是却并不会有过多的情绪，也不会再觉得悲伤。

深深爱过一个人，彼此还有过一段很不错的往昔，这个人注定会和所有的人都不一样，会成为我们不可磨灭的记忆，对方带给我们的伤痛也不可能一下子就痊愈。

所以不必着急，也不要让自己只是一直停留在原地，只管带着那些伤痛一边往前走，一边慢慢为自己疗伤，让自己淡忘。

时间从不言语，但是时间真的就能悄悄改变一个人的想法，也默默治愈着曾经的心疼。

在时间的长河中，当我们懂得向前看，在一点一滴的忙碌中能够感受到自己的进步，一切在越变越好，那么真的就没有什么还会看不开，放不下。

那些伤口终将自然愈合，到最后不痛不痒，成为我们身上最强壮的地方。

我们也只会更加喜欢当下的自己，更加期待以后的生活，而不是总回头望。

多给自己一点时间，多往前走几步，走着走着，有一天真的就会忘了，放了，再也没有了曾经的心动，再也不觉得失去是一种损失，只会觉得这样也挺好的。

一切会开始变得很不一样，我们会有自己的一片新天地，也迎来自己人生的新篇章。

也有人无论如何都还是放不下，时间越久，反而越是怀念。

❀

身边一位朋友，她结婚都好几年了，但心里还是一直很想念初恋，很放不下。

她时常都会想起曾经的那些时光，想要知道对方现在过得好不好，也想要知道对方会不会偶尔想起自己，还想要知道在对方的眼里，自己究竟是什么样子。

她时常都会想，尤其是当婚姻并不是那么如意，彼此出现了一些矛盾的时候，更是会频繁想起，还总是会幻想着如果是和对方在一起，现在又会是怎样的光景。

她知道这样很不好，但是她又控制不住自己。

总有人会在你的生命中留下比较深刻的印记。

和曾经喜欢的人走散了，并没有在一起，哪怕自己后来走进了婚姻，会有一些想念，这其实也是比较正常的。是怀念那个人，是怀念那一段时光，更是怀念那时的自己。

结婚时可能会有点怀念，随着结婚的时间久了，夫妻感情越来越淡，日子越来越无趣，可能会尤为想念。人大都如此，得到的、既定的、眼前的，都会觉得不过如此；不曾拥有的、失去的、错过的，却总是会看得尤为珍贵。

对于这样的情绪，没有必要隐藏，也没有必要自责，可以允许自己偶尔在心里偷偷想念一下子，以此来慰藉自己的生活。

偶尔想想，那并没有什么关系。只不过，在想念的同时，也务必要保持理智，让自己尽可能清醒一些。让自己清楚地知道，一切早已经时过境迁，你已经不是当时的你，对方也早已不是曾经的样子。

那些过往已经回不去了。

你们之间也并不需要重来。

也就是说，只是想念一下子就好，不要再去联系对方，不要再去生出别的心思了。那个人并没有想象中那么好，你们也并没有想象中那么合适，要是真的合适，早就在一起了，还会一直在一起，根本就不会走散。当彼此并没有一个以后，与其说是因为对方很好所以放不下，不过只是自己给曾经加上了一层滤镜，将对方理想化了，以此来回避自己当下的不如意。

可以允许自己用对方来逃避现实，但是不可以犯傻。

生命中最值得珍惜的从来都不是不曾拥有的，而是自己已经握在手中的，是眼前那个人，是当下的日子。

过好当下，经营好现在拥有的感情，守好自己的婚姻，这比什么都要紧。

幸福从来都不在别处，而在于眼下这一刻。

分手后想要复合

❁

分手后,一个人的态度往往分为很多种。

或是欣然接受,觉得分了真好,就该早早分了;或是比较痛苦,既替自己感到不值,又有一点想要回头;或是直接就后悔了,真的就还想要回去,重新来过。

认识一位姑娘,和对方在一起的时候,她经常都觉得对方哪儿都不好,根本就不是她想要的,于是在一次矛盾过后,她坚决地说出了分手。

她本来想着离开对方,自己一定不会有任何的难过,不承想轻松了几天后,她变得越来越想念对方,想起的也不再只是对方的不好,反而是很多对方对她很好的地方。

曾经她所忽略的那些对方的好,此时犹如洪水般不断浮现在她的脑海里。慢慢地,她变得越来越无法忍受彼此就这样结束。她很想要挽回,但却又放不下面子。

想来,虽然每个人都希望自己的人生能够没有任何的遗憾,但是好些时候，好些事情却也总要经历过后，才会知道自己究竟会不会觉得后悔。

或许分手后有一些后悔，但是分手后，既然彼此都还是单身，并不曾开始新的感情，就还是可以再尝试一下的。

这时候，如果想和好，那就不要想那么多，不要担心可能会重蹈覆辙，只管去主动联系对方，说出自己的想法，看看对方是怎样的态度。

一位相熟的朋友，她和前任在一起时，经常性子很急，遇到事情了一直说个不停，而她的前任却总是性子很慢，经常跟不上节奏。

为此彼此闹了不少矛盾，她还直接提出了分手。只是分手后她并没有就此忘掉过去，而是一直不断反省，觉得前任除了性子慢点，其他都还好，她并不想就这样和对方走散，于是表达了自己的意思，恰好对方也和她一样，也在酝酿着求和，两个人就那样和好了。

和好以后，他们并没有像以前那般相处，为了不再出现相同的问题，他们好好沟通了一下，也都反省了自己，此后都开始做出让步和改变，相处起来也变得和谐了许多，没有再次因为相同的原因而分开，还结了婚。

不少的求和都是可以成功的。虽然说复合以后彼此可能还是会在同一个地方跌倒，但是却也有那么一些人，总结了前一次的教训，做出了一些调整，拥有了一段不错的感情。

前任也曾是对的人，前任也可以再次成为现任。也许这一次，结果真的会不一样。

❀

亲密关系中,想要复合,我们就只管去好好争取。要是对方恰好和自己一样,也很舍不得,也不愿意就此放手,那么就和好。

这一次就好好在一起,不要再轻易把对方弄丢了,争取可以长长久久。

要是虽然复合了,但却依然走不下去,最后只能选择分开,那也并没有什么关系,至少自己努力过了。

想复合的时候不去复合,我们终究没有办法预知将来会是怎样的结果。很多事情只有去经历了,我们才能知道会是怎样的结局。

那时,就算结局依然不好,也不算是浪费时间,至少可以死心了,不必还一直想着。

不然,要是可以尝试的时候没有去尝试一下,以后回想起来难免就会很不甘心,一直想着如果自己当初试一试,说不定结局就会不一样。

对于人生来说,有时候犯点错那并没有什么,怕就怕明明想做的时候却没有做,后来一直都怪自己,始终都没有办法放下,也没有办法重新开始。

确实，也有可能当你后悔了，还想要和对方重新开始时，对方和你不一样，对方就是铁了心要离开你，不愿意再跟你有任何瓜葛，一点都不愿意回头。当你尽全力争取过后，对方依然不情愿，你也不必强求，尽管放手就好。

就像你并没有办法勉强一个不喜欢你的人变得喜欢你，一个不愿意跟你复合的人，你也没有办法让对方真的再次回到身边。

既然如此，不如就放过对方，让对方去想去的远方，也放过自己，就让自己不要再一直沉沦其中，尽管去追求另外一种新的生活。

挽回这种事，能成功当然很好，如果不能，只要自己真的尽力了，那其实也就足够了。虽然很可惜，但是还是要接受。此后，对方会有自己的以后，你也还会有属于你的未来。

不论失去了谁，
你都还有自己

❀

和一位读者聊天。

她说她很喜欢一个人，在她的猛烈追求下，对方答应了和她谈恋爱，但是彼此交往仅仅三个月，对方就跟她提出了分手，说经过一番了解后，还是觉得他们并不适合，不想再浪费时间了。

突如其来的分手，她完全无法接受，而比起分手，她更加无法忍受的是从此以后生命之中只剩下自己，不再有对方的身影。

虽然只有短短的三个月，但是她却深深地觉得，自己已经完全离不开对方了，没有了对方，一切仿佛都变得了无生趣。

生命中，陷入爱情中的人，一旦自己用心爱了，就会觉得对方就是自己生命的全部，会期待有一个好的结果，会完全没有办法接受离别。

爱情本来就很盲目，但即使如此，一个想走的人你终究留不住。

或许你总会觉得，当喜欢的人离开了，面对生活，你一个人会应付不来，可是你不要忘了，在你们在一起之前，你自己孤身一人早已经走过了好些年。

在那些岁月里,虽然偶尔有朋友相伴,有家人待在身边,但是更多的时候,你是一个人在吃饭,一个人在睡觉,一个人在做决定,处理着生活中的方方面面。

对于生活,谁都希望自己可以轻松一点,可以有个人来承载自己的一切,和自己一起分担,但是生命中的大多数时刻的心情终究只有你自己懂,大多数难题也终究只能是你一个人去解决。

你本来就可以处理这一切,那么即使在一个人出现时,短暂地让你依靠了一下,成了你的精神寄托,在那个人离开后,你却依然还能够找回那个独立的自我,即使初期你会短暂地不习惯。

别太小看自己了,很多时候,你并不是没有办法失去谁,只是你不想失去罢了。不管失去了谁,你都还有自己。其实一直以来,始终陪伴着你、对你不离不弃、和你一路披荆斩棘的也根本就不是别人,是那个了不起的自己。

不管是遇见那个人之前也好,还是那个人离开之后也好,虽然你孤身一人,你会显得很孤独,但是你却依然还是有办法支撑起一切,并不会让一切太糟糕。

身边一位朋友，在一次失恋后，她感觉很不好，对什么都提不起兴趣，整个人无精打采的，一度十分颓废。在好长一段时间里，她都过得很黯然，仿佛生命中的一切事物都失去了原本的色彩。

那样过了一段时间后，在身边人的陪伴下，她渐渐走了出来，该做什么做什么，不只是一直沉浸在那些回忆当中。

在那之后，她慢慢找回了状态，后来又遇到了一个很不错的人。时过境迁，再次回想起往事时她才发现，原来对方的离开根本就并没有带走什么，生活依旧可爱，未来依旧可期。

是的，当一个人离开的时候，你总觉得天不再蓝，做什么事情都不再有意义，那其实不是那些事情变了，只是你的心态变了，你还深陷在失恋的痛苦中，不曾走出来。

失恋后，你会痛苦一阵子，那很正常，但是等时间过去一阵子，你渐渐恢复了元气，你终将明白，离开的只是那个人，对方的离开并没有带走你的世界，一切也并没有变得黯然失色。

那个人离开了，你依然还是可以去做许多事，你更可以重新出发，去找寻一份全新的爱，去开始一段全新的感情。

人与人之间，朋友也好，同事也好，恋人也好，从来都没有谁真的完全离不开谁。

和一个人在一起时,你会觉得自己很重要,别人完全离不开你,但是当你离开后,别人却很快可以找到人替代你,即使没有人替代,别人也不会因为你的离开被影响太多。

同理,就算一个人和你在一起的时候,你觉得对方是多么不可或缺,当那个人真的离开了你,你的未来却也并不至于因此就变得糟糕无比。

能够决定你人生的从来就只是你自己,而不是别人。

不论什么时候,在别人看来你永远不必把自己看得太重;而在你的生活中,你要用心去对待别人,但也不必把某一个人看成是自己的所有。

那个人从来都不意味着是你的全部,你才是自己生命中最为重要的存在。

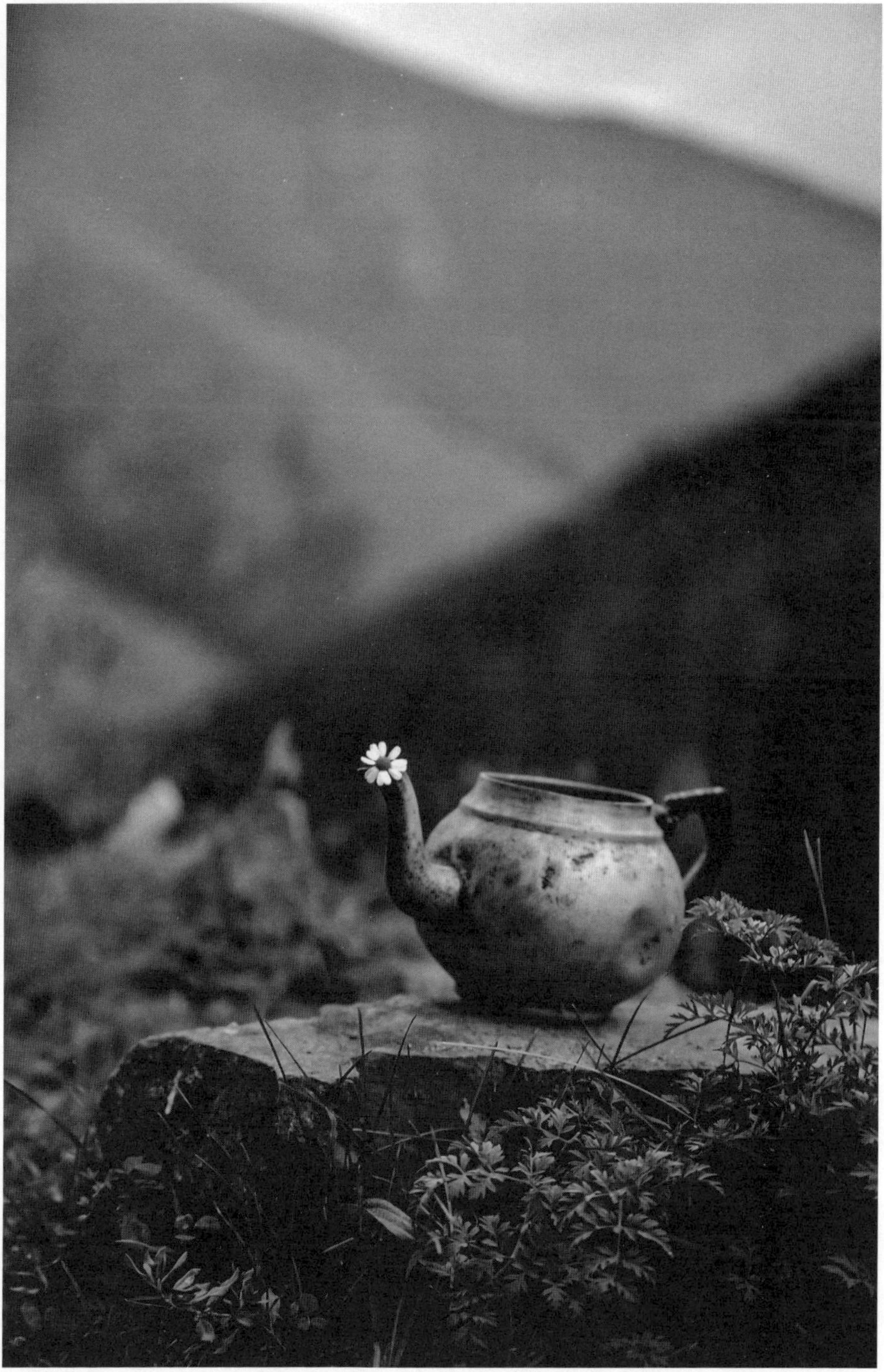

Chapter 08

别因为受过伤,就不再相信爱情

如何面对身边人的催婚

❀

年轻人和父母之间总是会有着很多的鸿沟，就比如说婚姻这件事。作为年轻人，你觉得结婚不必那么着急，但父母却会一直催婚。他们为什么会如此？

说到底，父母催婚是因为他们觉得到一定年龄了就该早点结婚；是为了他们的面子，免得在亲朋好友面前抬不起头；是想要完成任务，也让血脉传承。更多地，他们其实也是希望自己的孩子可以获得幸福，当有一天他们老了，会有人陪着一起往前走，不至于太过孤独。

站在父母的立场，他们并没有什么错，他们的初衷也是好的，只是有时候他们的方式确实会显得有些过激，着实让人有些受不了。

身边一位朋友，她从小就是父母眼中的乖乖女，性格文静，听话，成绩也不错，从来都很少让父母操心，一直是父母眼中的骄傲。

就连父母让她不要早恋，她也全部都听进去了。拒绝了不少人的示好，只是一门心思扑在学习上面。要么就是在学校学习，要是就是在家里学习，都很少有一些别的活动。

就这样到了研究生毕业，二十五岁这年，她如愿成为一名老师。然而工作才刚刚落实，父母就开始催婚，让她赶紧找对象，说她年纪已经不小了，女孩子结婚一定要趁早，不然别人把好的都挑走了，到时候会不好找，容易被剩下来。

他们催婚，不仅仅是语重心长地催婚，甚至还会将不结婚上升到不孝顺的层面，用亲情绑架她，让她顺从他们，务必赶紧结婚。面对这种情况，她很苦恼，甚至很想要逃离父母。而这也是很多年轻人正在面临的处境，有的父母甚至有过之而无不及。

这时候选择远离当然不好，直接屈服随便结婚，自然也不行，默默承受也并不是明智之举。逃避解决不了问题，屈服结果可能会很不好，闷着却可能会让自己很不开心，不如就找一个恰当的时机，坐下来跟他们好好聊一聊。

我的这位朋友，冷静下来后，找了一个合适的时机，跟父母说了一下自己的想法，说自己并不是不想结婚，只不过眼下没有遇到可以结婚的人，没有遇到所以不愿意将就，还想要再找找看，婚姻是件大事，不能太随便了，不然很容易遭遇不幸。

她也表示说，父母有合适的人可以给自己介绍，她一定会好好去认识。

交流过后，朋友一直在努力寻找，当身边人介绍对象时，她也一直都很积极，还会跟父母及时反馈情况，渐渐地，父母的态度确实好多了,没有再那么过激,而是变得比较理解她,只是偶尔会表达希望她尽早结婚的想法。

催我们结婚的长辈,虽然他们可能不是那么懂我们、懂现在的年轻人,但是他们毕竟也经历过或看过很多的婚姻。他们很明白,如果找的人不对,这一辈子就很难幸福。

所以如果我们能明确跟他们表态,能够行动起来,很主动地去找,让他们看到我们的态度,那么他们真的可能就不会再那么逼迫我们了,而是会开始尝试着去相信我们,对我们比较放心。而且会站在我们这边,帮着我们出谋划策,替我们想办法。毕竟他们也是希望我们可以过得好,并不仅仅是结婚。

有时候,他们想要的其实也就是我们的一个态度,愿意去找,而不是什么都不做。

两代人之间沟通很重要,在父母放手的时光里,把自己的日子打理好也很重要。

❀

认识两个姑娘,她们是表姐妹,姐姐二十八岁,在大城市名企上班,还自己买了房子;妹妹二十六岁,在一家小县城私企做行政工作,每个月基本都是月光。

她们俩,虽然明明姐姐年龄更大,但是经常被催婚的却是妹妹。身边人的说法是,姐姐过得挺好的,即使晚一点结婚,也没什么关系,可是妹妹连养活自己都成问题,着实让人很是担心。因此都催妹妹赶紧结婚，免得以后越来越难。

不得不承认，同样是单身，但是过得不是那么好的人往往会被催得更厉害。因为当我们一个人的时候过得并不怎么样，父母很容易会有一种担忧，怕我们年纪大了，没有人陪在我们的身边，我们会越来越没有办法对自己负责，只是过得更加凄惨。

基于这样的事实，想要让他们不要那么催促，哪怕是单身，我们也务必要尽可能地把生活过得丰富有趣，让自己物质有保障，精神也足够独立，让所有人都看到，自己一个人也过得挺好的，然后用这份好去堵住喋喋之口。

自己足够强大，有时候可以影响到父母，甚至改变好些人的想法。

对父母而言，只要我们可以过得好，那么就算暂时还不会结婚，婚姻可能会晚那么几年，他们其实都可以接受，并不会一直都那么焦躁。

他们对我们的爱总能让他们试着去理解我们，也愿意去尊重我们。只要我们觉得幸福，就算在婚姻这件事上看起来会有些落后于人，他们其实也都可以接受，很愿意为了我们和自己和解，不再觉得那有什么大不了的。

在他们的心里，始终是自己的孩子更重要，至于别的，比起孩子的幸福，暂且都可以先不谈，先放一边。

如果你的爸妈不同意你的婚事

❀

恋爱是两个人的事，结婚却关系到两个家庭。当恋爱谈到了一定程度，都会需要将对方带回家给自己的父母看看，寻求双方父母的认可，然后将婚事定下来。

这个过程中，有的情侣会比较幸运，双方父母都没什么意见，很是支持；但是有的情侣却会被父母反对，父母一心只想要让他们分开。

可能是男方父母不同意，可能是女方父母不同意，也可能是双方父母都不同意。

也许他们觉得选择的人不行，也许他们还有更好的人选，也许他们认为两家相隔太远，也许两家人之间本来有矛盾，反正他们就是不看好，不愿意让你们结婚。

当父母反对时，一边是爱人，一边是父母，的确挺为难的，不过你却也不得不做出一个选择。而究竟要怎么选择，可以根据具体的情况来决定。

　　要是父母稍微一反对,对方就轻易放开了你,那就算了。一个轻易就能放开你的人,可想而知,在以后的岁月里,但凡有任何的风吹草动,对方只怕同样也会放弃你,你还不如就趁早离开。

　　若是对方并没有放弃的意思,你就自己好好看看,想清楚。

　　一位姑娘恋爱不久后就把对方带回了家,她一直觉得对方不错,和对方在一起很开心,但是她的父母却觉得她的男朋友为人不踏实,喜欢吹嘘,并不是一个多好的选择。

　　听到父母这样说,她并没有着急反驳,而是认真思考了一下,还好好观察了一下。

　　后来她发现对方确实并没有正经的工作,还经常赌博,一心想要靠赌博发财,认识到这一点后,她也就清醒了,选择了听从父母的意见。

　　两个人在一起过日子,从来都不是只有爱情就够了,虽然心意很重要,但人品、责任心、是否存在恶习、可不可以一起好好解决问题,也都很重要。

　　在这个世界上,绝大多数父母不管做出什么决定,基本都是为了自己的孩子好。既然他们是为了你好,那么在他们提出反对意见的时候,不要着急对着干,不妨就先听一听他们的意见。

　　他们虽然可能并没有比你更了解你的另一半,也可能做错决定,但是也不得不承认,他们比你经历更多,有时候比你更加能够看到以后，也比你的眼光更准。

　　先参考他们的意见，按照他们所说的，先冷静一下，再考察一下，看看对方究竟人品好不好，各方面综合素质行不行，值不值得你继续执着。

❀

　　当我们爱上一个人，深陷其中的时候，难免会失了分寸，因此，再多花一点时间，再多从一些事情上面去看看，也未尝不可。毕竟是一辈子的事情，先尊重一下父母的意见，先把对方看得更加清楚一些，然后再做出最后的决定，那终究是不会有什么错的。

　　在那之后，要是发现父母说的是对的，那么你只管听从他们的意见。当然，你得是真的认同他们的意见，确实觉得自己找的对象不好，而不是耳根子软，一下子失去了判断力。

　　如果冷静思考和综合评估后，你依旧觉得对方很不错，他确实是良配，对方也一直很坚定，并没有任何放手的意思，那么这时候，你当然不该轻易放弃对方。

　　身边一位朋友，她家就她一个孩子，她的父母最初并不同意她和她的男朋友结婚。

　　因为她男朋友家境很一般，跟她家还不在同一座城市，她的父母一心希望她可以就近找一个条件更好一些的，可以过得更好一点，还能离他们比较近。

甚至他们还有一个比较满意的人选，一心想要撮合。

她的男朋友并没有因此气馁，她也比较认定对方，因为她知道对方是一个比较靠谱的人，于是他们并没有就此断了，只是一直在坚持做父母的工作。

差不多过了一年时间，随着她的男朋友考上了她所在城市的事业单位，她的爸妈终于还是松了口，两家人一起凑钱，为他们付首付买了一套小房子。

遇见一个喜欢的人，一个不错的对象，那也不容易，轻易放弃可能会抱憾终身。

认定对方确实不错，就找机会好好跟父母聊一聊，也让自己喜欢的那个人在父母面前好好表现下，尽可能争取他们的好感，换得他们的同意。

当你执意要和一个人在一起，对方也确实很真诚，在为了两人的以后而努力，父母就算不看好，出于对你的爱，他们也依旧还是会做出让步。

面对孩子，父母的心始终是柔软的，有一些事情，即使他们不赞同，但是只要你非要坚持，到了最后，他们也依旧还是会选择妥协，因为他们根本就舍不得让你难受。

在这个过程中，你需要做的就是坚持住，不要轻易动摇，和对方一起一路坚持到底，直到父母点头，同意你们在一起的那天。

有时候，父母不让你选的人，你真的就不该选，那样的人你只管放弃。而要是你很确定对方就是自己想要的，值得在一起，那么不论他们怎么说，你都只管坚持。

那是你的人生，你当然可以根据自己的意愿做出自己的决定。

本来最后日子也需要你自己去过，你的父母只会更倾向于尊重你。

他们并不是不想让你结婚，只是希望你可以幸福。

异地恋如何才能走到一起

❀

谈恋爱最好的情况是彼此不必异地,能够从开始到最后都在同一个地方,可以时常见面。但是总有那么些时候,彼此却恰好就是异地,或许从一开始就是,或许最初时不是,后来却因为一些原因各自待在了不同的城市。

异地恋从来都不容易,也总是有着很多的心酸。

曾经的一位室友,她和她的男朋友大学时相爱,毕业过后由于工作原因,两人一直都是异地,室友她爸妈因此并不同意他们的婚事,一直想要让他们分手,所有人都以为他们一定会走不下去,然而异地五年过后,他们还是结婚了。

室友的男朋友说服自己的父母,直接来到了室友所在的城市工作,然后取得了室友家人的同意,两个人在双方家人的祝福下举办了婚礼,组成了一个小家庭。

身处异地的情侣走着走着就走不下去了,然后分道扬镳的的确很多，但是却也有不少人最后克服了异地的困难，并没有弄丢这一份感情。

室友和她的男朋友一直都是真心喜欢对方，对待感情也都比较认真。异地期间，他们每天都会分享彼此的生活，也会各种关心着对方。

一些大事件，如自己取得了什么成绩；一些小事情，如自己吃的什么，都会去说。

会注意对方城市的天气，提醒对方增减衣服，下雨时带伞，会直接为对方点外卖、寄一些零食和礼物，还会拜托身边的人多照顾对方一些。

他们都在为了这段感情而努力，在以另外一种方式给予对方呵护和陪伴。也都能够感觉到对方的用心，在好好珍视这段关系，在努力用心维系着。

身处异地，如果没有办法参与对方的生活，又很少分享，没有关爱，那么久而久之，不论当初有多么熟悉，也依旧只会变得越来越陌生，连聊天都会开始变得尴尬。

那时候，相互都会觉得很无力，渐渐地感受到彼此的疏远，心里也会莫名焦虑，产生各种各样的怀疑，变得没有办法再相信对方对自己的感情。

不用说，一旦参与感不再，信任感磨灭，这份感情自然也就很难走下去。

如果不想让那份熟悉渐渐消失，那么即使不能亲身参与彼此的生活，也一定不可以缺少交流，每一天都要给对方一些时间，去和对方聊聊经历，也诉说一下思念。

越是不在一起，有一些情绪就越是需要安抚，有一些心情就越是需要照顾。虽然缺席了彼此的生活，但是不曾缺席分享和关心，不曾变了一番样子，依然还是那么炙热，也才更能熬过不能相见的苦。

室友和她的男朋友在这一点上做得很好，而真正让他们能够迈向婚姻的，其实还在于他们一直在准备结束异地生活，她足够坚持，她的男朋友也愿意为了她去往她的城市。

两个人不必异地生活了，父母的那关过了，才有了后来的幸福。

❀

太多的异地恋起初的时候彼此何尝不是信心满满，都在好好分享，觉得彼此一定可以坚持下去并最后真的走在一起，只是坚持着坚持着就动摇了。或许是并没有那么坚定，所以选择了放手，但是更多的还是因为根本就看不到尽头。

一个月，一个人可以等，一年，一个人可以等，但是如果一直等下去，却根本就不知道何时是个头，谁都不愿意为了谁而让步，完全没有任何可以在一起的迹象，那么一个人还是会觉得失望，然后再也等不下去，也不愿意再继续等。

很多人不怕等待，怕的是等来等去也还是等不到，到头来一场空。

耗不起，也不愿意一直耗下去。

看不到希望，那真的就会感到很累，觉得还不如单身，还不如选择一个身边的人。

想要异地恋能够顺利一些，对于未来一定要有所规划，要考虑什么时候以怎样的方式来结束异地生活，让彼此真的在同一座城市。

对未来有计划，同时计划切实可行，相互又都很认同，那么日子才会比较有盼头，双方也才会比较有信心，能够做到一直等待着那天的到来。

一起期待着那一天，一个人跨过人海来到另一个人的身边，或者说，两个人相互靠近，从此在同一个地方安定下来，再也不分开。

婚后可能心动，
但不要冲动

❀

有的人终其一生也不曾遇到过一个让自己心动不已的人。却也有那么一些人，在不同的时期会因为不同的人而心动。

如果说结婚之前，自己刚好单身时遇见了心动的人，这是一件很值得开心的事，我们可以毫不顾忌，好好把握这份感情。

只要还不曾结婚，每个人始终都还是可以重新选择的，那是一个人的权利。

若是结婚以后遇见了心动的人，这时候，一边是家庭，一边是让自己很心动的人，难免就会比较为难。

每当此时，比起冲动地去做出一个决定，最好还是冷静一点。

遇到过一位读者，结婚以后虽然老公对她很好，事事都顺着她，但是她总觉得对方性子太软，太温和了，在一起完全没有激情，日子犹如一潭死水，很没有意思。

她自己是个企业高管，心里比较崇拜那种很有野心的人。

因为有着这样的渴求，后来当她的公司调来一个新同事，对方在事业上很成功，在工作之余还在进行各种投资时，她一下子就佩服得不得了，当对方对她稍微示好，她就直接沦陷了，一心要和自己的老公离婚，然后和这位同事在一起。

有了那样的想法后，她也真的提了出来，即使她的老公让她看在孩子的分上不要离，她也还是坚决地离婚了，但是那个同事却并没有兑现承诺娶她，甚至都没有离婚，还用投资的名义卷走了她所有的钱，她婚姻没有了，钱也没有了。

到了那一刻，她才认识到自己老公的好，一心想要回头，她的老公却并不愿意再接纳她。

在结婚后遇到心动的人，总有人不管不顾，直接就朝对方飞奔过去。那明明是背叛，很多人却还自诩深情，觉得都是为了爱，自己很了不起。结果，一时的激情过后，发现对方不过如此，还不如自己家里那一位，却也只能悔不当初。

婚姻从来没有想象中那么美满。再相爱的两个人，一旦走进了婚姻，即使曾经在对方的眼里是多么有魅力，也只会随着时间的推移渐渐地黯然下去。

我们很难再觉得对方有多好，也很难再将自己的目光一直都放在对方的身上，觉得对方是多么让自己欢喜，反而只会有些嫌弃对方，觉得对方很糟糕。

这时候，比起眼前这个人，在我们的眼里，别的异性反而会显得更加有魅力，更加能够吸引到我们，很容易就会让我们有心动的感觉。

我们会觉得，那才是爱情，可事实上那不过就只是刹那的激情。

熬夜总是让我们着迷，通宵玩游戏总是让我们觉得很满足，但是在那之后，剩下的只有自己无尽的懊悔，以及整个身心的疲惫。结婚后对一个人心动也是这样，那未必是遇见了多么适合自己的人，不过只是生活过于平淡，在这平淡的岁月中，我们刚好遇见了那么一个人，给生活带来了一点调味剂。

很多人总是觉得，后来遇见的人才是真正让自己很心动的人，可是在那之前，那个和自己谈恋爱，甚至走进婚姻的人，何尝不是曾经一样让自己很心动呢？

因为后来的心动，就忘却了曾经的心动，觉得自己的选择是错的，这终究不公平。

总是容易喜欢上一些新的东西，总是容易对一个新的人动心，那是人的一种本能。但是忠诚于自己的婚姻，那才该是一个人最起码应该做到的事情。

❀

感情从来都不该是爱淡了就换，遇见了更喜欢的就抛弃身边的，而该是选择一个自己喜欢的,在那之后就爱这个自己所选择的,哪怕会对别人动心,也依旧还是保持专一。

变心是本能,忠诚才是选择。

更何况,我们总以为后来遇见的人是真爱,对方可能根本就全无真心。

和一个人结婚以后,要是彼此的感情还可以,日子还算过得下去,那么,我们真的不该放弃自己的另一半。可能有人会想,那就既不放弃家庭,也不放弃这份心动。

曾经认识的一位同事,他当时就是在对一位同事心动后假装自己是单身,开始去追求这位同事,和对方谈起了恋爱,一边瞒着同事,一边瞒着自己的妻子。

在家里有他的妻子,在外面有另一个人和他谈情说爱,他一度觉得自己很幸福。

只是好景不长,这件事情被发现了,他的妻子闹到了公司,他失去了工作,那个同事被当成了插足者,他的妻子还一直闹着离婚。

他都想要,结果却是什么都没有留住。

人不能太贪心。都不愿意放手,都想要,到头来,做过的事终究根本就瞒不住,这会伤害到自己的家人,会伤害到自己,也会伤害到让自己心动的人。

生活要懂得取舍,感情要懂得克制。既然当下的日子还可以,那

么对于外面的诱惑，你就要懂得远离，不要去破坏自己本来所拥有的这一切。

婚外恋情大多没有多少真情，也并不会有什么好的结果。这一生，欲望永无止境，能够不被欲望所迷惑，懂得珍惜家庭，我们才会有幸福的可能。

很多时候，结婚以后，我们总是觉得一切太过于平淡。殊不知，那样的平淡反而才是婚姻的真相，才最能够让人感受到一份踏实。

理性看待离婚

❀

有的人一言不合就说离婚。有的人不论再怎么不幸，也依旧不愿意离婚。

有的人离婚之后就后悔了，开始想要复合。有的人离婚之后总觉得自己很掉价，抬不起头来。

有的人哪怕离婚了，也依旧还是愿意去爱，相信自己还能遇到不错的人。有的人一旦离婚就再也不愿意相信爱情了，觉得所有的爱情都不过如此。

不同的人对于相同的事总是有着不同的看法。虽然说每个人都有选择的权利，也可以决定自己如何去看待一件事，但是在离婚这件事情上，太不理智，对离婚的认知太过偏激，那终究不是什么好事情。

曾见过一对夫妻，两人相识不到一个星期就选择了结婚，然而相处不到一个星期，又选择了离婚，离婚也并不是因为什么大事，不过就只是因为某一天男人回家晚了，还发现女人没有做饭，男人指责女人，女人不乐意了，一言不合两个人干脆说不过了。

离婚过后没几天，他们又后悔了，又选择了复婚。

差不多两个星期，他们就走完了结婚、离婚然后复婚的整个过程，似乎结婚和离婚都很寻常，不过是儿戏。像这样的行为，草率地走进婚姻，然后又草率地选择离婚，那当然并不好，太折腾，也太费神了。

婚姻，那是一辈子的事，在结婚之前，一个人应该慎重，而在结婚之后，其实更该谨慎。

当有一天决定了和一个人结婚，甚至和对方走进了婚姻，那么在结婚以后，彼此可能会在很多事情上有分歧，时常也会有着很多的矛盾，即使如此，也不该轻易就说放弃。

每一段婚姻都是会有问题的，当遇上问题的时候，我们该想的不是逃避，不是换一个人，如果我们在这段婚姻中不懂得如何去经营和相处，那么换一个人只怕是依旧如此。

两个人能走进婚姻是一种缘分，既然选择了彼此，那么与其总是想要放手，不如就相互多迁就一下，多坚持一下，尽可能好好去过，把婚姻一直持续下去。那个人是自己选择的，我们不该因为一些小事情就直接放手。但是也并不是说不管再怎么不幸也还是要继续。

❀

有这么一位读者，结婚以后她的老公一点都不顾家就算了，关键还总爱喝得烂醉，每当喝醉了回来都会乱摔东西，还会动手打她。

即使如此，她还是不愿意离婚，觉得离婚太丢人了，那会显得自己很失败。

可能是意识到了她的这种心理，她老公下手一次比一次更重，有一次她还直接住院了好几天。

后来这件事被她父母知道了，在父母的劝说下，她才终于鼓起勇气提出了离婚。

在一段婚姻中，如果在对方的身上你根本就感受不到半点在乎，看不到半点未来，有的只是忽视、不珍惜、绝望、苦不堪言，对方还有着一些很不好的行为，像是暴力、赌博、碰一些不该碰的东西，有着一些非法行为等，那就选择离开吧。

结婚并不是为了让你的生活从天堂坠入地狱，经常感受不到半点幸福，而是为了有一个人在你的身边，时常给予你一份呵护，让你觉得生活有奔头。你们相互温暖，相互成就。

当一个人能够让你的内心有着些许暖意，那么即使会有着一些缺点，也只管选择包容。可要是对方没有带给你任何温暖，你对那个人，对这段婚姻没有半点盼头，感受到的只有绝望，那么你当然有义务把自己解救出去，没必要在对方的身上白白耽误自己的一生。

并不是所有人都适合陪你到老，有时候选错也在所难免，只是意识到选错了的时候，你有义务及时止损，还自己一个未来。

有一天，当你真的离婚了，你也不必觉得婚姻都是如此，然后就不愿意再结婚了，你也不必以为自己离过婚就没价值，就没有人愿意爱你了。

婚姻里遇到的人不一样，你的日子也会不一样。至于你的价值，那从来都不在于你是未婚、已婚，还是离婚，而在于你究竟是一个怎样的人。

别把离婚想得太严重了，离婚跟单身、恋爱、已婚并没有什么不同，只是生活的一种状态而已，只是代表着一段经历，并不能说明别的。

结婚也好，离婚也好，都只是一种选择，离婚过后，你依然是你，你依然值得有人把你捧在手心，你依然还是有机会遇到一个人愿意善待你，陪你共度余生。

离婚过后，你要让自己振作起来，去好好打理自己的生活，也尽管去敞开自己的心扉，再次出发，去寻找一个更值得的人。

无论是人生还是婚姻，一路上都不会那么平顺。不过没关系，正是因为有那么些风雨，人才会成长，也才能够看清楚一些人，懂得一些事。

和一个人结婚是为了幸福，离婚同样也是。

别因为受过伤，
就不再相信爱情

❀

在爱情这条道路上，我们都希望自己可以一路顺遂，爱一个人，就能被那个人真心相待，然后彼此可以走在一起，共度幸福美满的一生。

然而想象总是美好的，现实却从来不可能那么顺利。在实际生活当中，更有可能的是，我们喜欢的那个人偏偏不喜欢我们，我们掏心掏肺对一个人，对方却并不认真。

总有那么一些时候，我们的真心换不来另一颗真心，我们的满腔深情只是被辜负，我们深深爱着的人回应自己的不过只是满身伤痕。

用心去爱了，最后却被那个人狠狠伤害了，我们难免就会觉得很受伤。

一位读者，她很认真地对待一份感情，和一个人在一起三年，将所有的精力都扑在了上面，还在对方的身上花掉了所有的积蓄，最后却被放弃时,她不禁感慨,以后再也不相信爱情了,就一个人去过,不再接受谁,也不再去爱谁。

她信誓旦旦,完全就是一副看透了爱情、超越红尘的模样。

不好的爱情会带来不好的感受和体验,一朝受伤就会在心里留下阴影。即使如此,我们其实也并没有必要因为一个人就怀疑所有,不必因为自己遭遇了一次失败的爱情就说爱情都是伤人的,然后就再也不愿意去爱谁了。

爱情从来都是没有什么错的,错的只是遇见的那个人而已。

❀

在感情中,是爱到最后一场空也好,是自己的一腔真情被辜负了也好,你可能会因此很伤心,一下子有些缓不过来,这是在所难免的。只不过,你可以为此伤心一阵子,却也不必一直沉浸在这种伤痛之中,从此以后就把自己包裹起来,再也不敢以真心示人。

这样的行为看似很聪明,其实挺傻的,你以为自己是在拒绝受伤,其实也把幸福挡在门外了。那样的你,内心往往也会有所缺失,丢掉了自己最可贵的东西。

没有必要那么谨小慎微,曾经的那个人只能代表他自己,并不能代表别的人,不能代表所有人。

当遇到的人不对,相处的方式不对,你们确实很难有一个不错的结局。而要是你爱的那个人为人很不错，很懂得珍惜你的好，你们之间真的就会是另外一番模样，一切也都会很不同。

我曾参加过一场婚礼，婚礼中的新娘和前男友从大学开始恋爱，两个人整整谈了六年，在这期间她一直爱得很委屈，数次提出结婚，对方都只是一副并不是那么想娶她的模样，各种拖延，让她再等一等，也不说等到什么时候，那终究让她寒了心。

分手后，她一度也很消沉，本来不想再继续相信谁了，但是她现在的老公却出现在了她的生命当中，这个男人不急不慢地靠近，十分心疼她的过去，还对她呵护有加，相处了差不多半年后，她也意识到了对方的认真，终于再次敞开了心扉。

在婚礼上，新郎一脸宠溺，她一脸灿烂，很明显，她是被爱着的，也是幸福的。

她还是那个她，但是这一次，她收获了想要的结果，拥有了一个不错的爱人。

其实，我们是什么样子，爱上的人是什么样子，到了最后，我们的爱情往往也就会是什么样子。

寻找另一半的时候，谁都希望不会有伤痛，但是真正好的爱情却总要在先经历过一些不是那么好的人和事后，才会如期而至。

别因为受过伤就不再相信爱情，你不该信任的只是那一个人。从来都不是感情不靠谱，只是人不靠谱。那些不好的经历，你就权当是经

验，尽管从中去汲取一些教训。

❀

  有的人适合和你共度余生，但是有的人出现在你的生命里，真的只是为了给你上一课，让你有所领悟，在以后懂得避开这样的人。
  经历一段失败的感情，那也并不意味着我们不会选择，我们就只配拥有那样一段不堪的感情，那不过只是为了让我们有所成长，告诉我们那个人并不适合。
  一个不对的人，越早放弃反而才会越好。也只有离开了并不适合自己的人，你才能有机会和那个对的人相逢。
  人生也好，爱情也好，并没有什么是事事如愿的，都是在跌跌撞撞之中才明白了许多。
  我们完全不必因为一次的失意就否定自己的整个人生，开始否定爱情。尽管去爱，就像第一次喜欢一个人那样；尽管去期待，就像彼此一定会在一起那样。
  就算还是会受伤，还是会失望，但是当我们总是能从过往中解脱出来，认真投入当下，总有一天，还是会遇到一个懂得好好爱我们、好好珍惜我们的人。
  那个人会把你所失去的全部偿还，会把所有你想要的全部给你。
  过去遇到的人也许并不怎么样，下一次遇到的人可能真的会很好。
  爱情永远都值得期待，也永远都值得我们拿出最好的自己。

致谢

我一直都很爱写作,也一直在写着。

过去总写一些生活哲思和感悟,以此来记录自己的岁月,后来开始专注于情感,成为一名情感自媒体作者,这让我收获了不少读者,也结识到不少人。

花了一些时间,我整理了文稿,虽然当时觉得文章的形式不是很适合出版,更加适合自媒体,但还是发给了出版社,很想要试一试。

毕竟每一位写作者,大概都有一个出书梦,我更是一直都有。

结果,过了差不多一年半时间,出版社编辑跟我说,我的书有望出版了,只是需要修改。

在编辑的建议下,我调整了文章的形式、字数,还加入了更多的故事,也专门为这本书重新写了一些篇章。

有的故事来自身边人,有的来自我的读者。

修修改改,这本书终于敲定了下来,虽然过程并不是那么顺利,但是还是觉得很庆幸。

很感谢出版社对我的信任,让我有了这样一次机会。

很感谢我的编辑,给了我非常中肯的建议,当我在有些事情上做得不是那么到位时,所给予我的包容。

很感谢我身边的朋友们,以及跟我分享的每一位,是你们给我带来的灵感和素材,让我可以借鉴,可以以此来丰盈我的所思所想,将自己的想法更生动地传达出来。

很感谢情感领域创作者雪落无尘和仲念念,还有我遇到的运营三金,感谢你们带领我踏入了这个领域,还给予了我不少的指引。

很感谢我的读者,谢谢你们一直以来都在看我的文章,还有时不时地所给予我的那些肯定,让我知道你们始终都在,让我知道自己写的东西是有意义的,你们的认可始终是我最好的动力。

很感谢我的家人和亲人,是你们的爱和包容,让我对亲密关系有了更多的认识和理解。

也感谢我自己一路的坚持,让自己终于迎来了这次契机。

最后,感谢你读到了这里,希望你会喜欢这本书,也希望你可以有不少的收获。

如果还有机会,我们下次再见。